ISBN 978-3-662-31376-3 ISBN 978-3-662-31581-1 (eBook)
DOI 10.1007/978-3-662-31581-1

Gesetz über die Deutsche Reichsbahn-Gesellschaft

(Reichsbahngesetz). Vom 30. August 1924.

(Reichsgesetzblatt II S. 272.)

Der Reichstag hat das folgende Gesetz beschlossen, das mit Zustimmung des Reichsrats hiermit verkündet wird, nachdem festgestellt ist, daß die Erfordernisse verfassungsändernder Gesetzgebung erfüllt sind:

Le Reichstag a arrêté la loi suivante qui est publiée avec l'assentiment du Reichsrat:

The Reichstag has passed the following Law which is herewith published with the approval of the Reichsrat:

§ 1.

ERRICHTUNG DER GESELLSCHAFT.

(1) Das Deutsche Reich errichtet durch dieses Gesetz zum Betriebe der Reichseisenbahnen eine Gesellschaft mit der Firma „Deutsche Reichsbahn-Gesellschaft".

(2) Die anliegende Gesellschaftssatzung ist ein Bestandteil dieses Gesetzes[1].

§ 1.

INSTITUTION DE LA COMPAGNIE.

(1) Il est créé par la présente loi, en vue de l'exploitation des chemins de fer du Reich, une Compagnie sous la raison sociale: „Deutsche Reichsbahn-Gesellschaft."

(2) Les Statuts de la Compagnie annexés à la présente loi en font partie intégrante.

§ 1.

INCORPORATION OF THE COMPANY.

(1) A Company under the name of the "Deutsche Reichsbahn-Gesellschaft" is incorporated by the present Law to operate the Railways of the Reich.

(2) The Concession to the Company (Gesellschaftssatzung) annexed hereto forms part of the Law.

§ 2.

GESCHÄFTSFÜHRUNG

Die Gesellschaft hat ihren Betrieb unter Wahrung der Interessen der deutschen Volkswirtschaft nach kaufmännischen Grundsätzen zu führen.

§ 2

GESTION.

La Compagnie devra diriger son exploitation suivant les règles commerciales, en ayant égard aux intérêts économiques du Pays.

§ 2.

CONDUCT OF THE UNDERTAKING.

The Company shall operate the Railways in accordance with business principles, due regard being paid to German economic interests.

---

[1] Vgl. S. 37.

§ 3.

AKTIEN.

(1) Das Grundkapital der Gesellschaft beträgt fünfzehn Milliarden Goldmark; es ist eingeteilt in zwei Milliarden Vorzugsaktien und dreizehn Milliarden Stammaktien.

(2) Die Vorzugsaktien lauten auf den Inhaber. Die Stammaktien werden auf den Namen des Deutschen Reichs oder auf Verlangen der Reichsregierung auf den Namen eines deutschen Landes ausgestellt. Zur Verfügung über diese Stammaktien ist die Zustimmung des Reichsrats und des Reichstags mit der im Artikel 76 Abs. 1 Satz 2 und 3 der Reichsverfassung vorgesehenen Zweidrittelmehrheit erforderlich.

§ 3.

ACTIONS.

(1) Le fonds social de la Compagnie se montera à quinze (15) milliards de marks-or; il se divisera en deux (2) milliards d'actions de préférence et treize (13) milliards d'actions ordinaires.

(2) Les actions de préférence seront libellées au porteur. Les actions ordinaires seront nominatives et seront attribuées au Reich ou à un Etat Allemand, si le Gouvernement du Reich le demande à la Compagnie. On ne pourra disposer ultérieurement de ces actions qu'avec l'assentiment du Reichsrat et du Reichstag, assentiment qui devra être donné par la majorité des deux tiers prévue à l'article 76 al. 1, phrases 2 et 3 de la Reichsverfassung.

§ 3.

CAPITAL.

(1) The original share capital of the Company shall be fifteen (15) milliard marks gold, divided into two (2) milliards of preference shares and thirteen (13) milliards of ordinary shares.

(2) The preference shares shall be issued to bearer and shall be transferable by delivery. The ordinary shares shall be registered in the books of the Company in the name of the Reich, or, if the Government of the Reich so request, in the name of a German State. No transfer of these ordinary shares shall be made except with the consent of the Reichsrat and the Reichstag, given by a two-thirds majority according to the provisions of Article 76, Section 1, sentences 2 and 3, of the Reichsverfassung.

§ 4.

REPARATIONSSCHULDVERSCHREIBUNGEN. REPARATIONSHYPOTHEK.

(1) Die Gesellschaft gibt alsbald nach ihrer Errichtung hypothekarisch gesicherte Schuldverschreibungen im Nennwert von elf Milliarden Goldmark aus (Reparationsschuldverschreibungen). Die Inhaber der Schuldverschreibungen werden durch einen Treuhänder vertreten, der von der Reparationskommission ernannt wird. Die Schuldverschreibungen sind ihm unverzüglich auszuhändigen.

§ 4.

OBLIGATIONS ET HYPOTHEQUE DES RÉPARATIONS.

(1) La Compagnie émettra dès sa création des obligations hypothécaires pour la valeur nominale de onze (11) milliards de marks-or (obligations des Réparations). Les porteurs de ces obligations seront représentés par un Trustee nommé par la Commission des Réparations. Ces obligations lui seront aussitôt remises.

§ 4.

REPARATION BONDS. REPARATION MORTGAGE.

(1) The Company shall immediately upon its incorporation issue Mortgage Bonds to a nominal amount of eleven (11) milliard marks gold (Reparation Bonds). The holders of these Bonds shall be represented by a Trustee appointed by the Reparation Commission, and the Bonds shall be forthwith handed over to him.

(2) Zugunsten der Gläubiger dieser Schuldverschreibungen entsteht kraft Gesetzes eine erststellige, allen bereits eingetragenen Hypotheken und allen sonstigen Pfandrechten im Range vorgehende Gesamthypothek an allen Grundstücken, die zum Reichseisenbahnvermögen gehören, sowie an allen Grundstücken, die Eigentum der Gesellschaft sind (Reparationshypothek); die Hypothek erstreckt sich auch auf alles Zubehör dieser Grundstücke, soweit es Eigentum des Reichs oder der Gesellschaft ist; als Zubehör im Sinne dieser Bestimmung gelten auch alle Fahrzeuge und alle sonstigen beweglichen Sachen der Reichseisenbahnen und der Gesellschaft.

(3) Die Reparationshypothek erstreckt sich kraft Gesetzes ohne weiteres auch auf künftig erworbene Grundstücke samt Zubehör.

(4) Die in Abs. 2 und 3 genannten Sachen unterliegen der Reparationshypothek so lange, als sie Eigentum des Reichs oder der Gesellschaft sind.

(5) Die Rechte, die durch die Reparationshypothek an den belasteten Grundstücken und ihrem Zubehör entstehen, sowie der Zinsen- und Tilgungsdienst der Reparationsschuldverschreibungen regeln sich ausschließlich nach diesem Gesetz und der Gesellschaftssatzung.

(6) Alle Zahlungen für den Zinsen- und Tilgungs-

(2) La présente loi institue en faveur des porteurs de ces obligations une hypothèque générale de premier rang sur tous les immeubles possédés et exploités par la Compagnie ainsi que sur les accessoires de ces immeubles dans la mesure où ils sont propriété du Reich ou de la Compagnie (hypothèque des Réparations), primant toutes hypothèques dejà incrites et tous droits de gage. Comme accessoires au sens des présentes dispositions on entend également tout le matérial roulant et tous objets mobiliers des chemins de fer et de la Compagnie.

(3) Cette hypothèque s'étend également en vertu de la loi aux immeubles et accessoires qui seront acquis par la suite.

(4) Tous ces biens seront assujettis à l'hypothèque aussi longtemps qu'ils seront la propriété du Reich ou de la Compagnie.

(5) Les droits conférés par cette hypothèque sur les biens immobiliers et leurs accessoires ainsi que les dispositions pour le service de l'intérêt et de l'amortissement des obligations des Réparations seront fixés exclusivement par la présente loi et par les Statuts de la Compagnie.

(6) Tous les paiements pour le service de l'intérêt

(2) By force of the present Law, for the benefit of the holders of these Bonds, there shall be created a first general mortgage (Reparation Mortgage) on all lands belonging to the Reichsbahn undertaking and on all lands being the property of the Compagny. The said mortgage shall rank before all existing mortgages and charges and shall cover everything attached to these lands and belonging either to the Reich or to the Company, and for this purpose all rolling stock of the Reichsbahn undertaking and all movable property of the Company shall be held to bc attached to the said lands.

(3) Further by force of the present Law this mortgage shall likewise comprise all lands and everything attached thereto subsequently acquired.

(4) The lands and things attached thereto as defined above shall continue subject to the mortgage so long as the remain the property of the Reich or of the Company.

(5) The rights conferred by this mortgage over the lands and things attached thereto, and likewise the provisions as to interest and repayment of the Reparation Bonds, shall be governed wholly by the provisions of this law and of the Company's Concession (Gesellschaftssatzung) annexed hereto.

(6) No payment in respect of the said Reparation

dienst der Reparationsschuldverschreibungen sind von jeder unmittelbar die Zahlung belastenden deutschen Steuer frei.

§ 5.
BETRIEBSRECHT. ÜBERNAHME DER RECHTE UND PFLICHTEN.

(1) Das Reich überträgt der Gesellschaft unter den Bedingungen, die sich aus diesem Gesetz und der Gesellschaftssatzung ergeben, das ausschließliche Recht zum Betriebe der Reichseisenbahnen. Das Betriebsrecht endet am 31. Dezember 1964, vorausgesetzt, daß alsdann sämtliche Reparationsschuldverschreibungen und sämtliche Vorzugsaktien getilgt, zurückgekauft oder eingezogen sind.

(2) Wenn die Tilgung, der Rückkauf und die Einziehung bereits zu einem früheren Zeitpunkt abgeschlossen ist, kürzt sich das Betriebsrecht entsprechend ab und endigt zu diesem früheren Zeitpunkt. Wenn dagegen die Tilgung, der Rückkauf oder die Einziehung am 31. Dezember 1964 noch nicht abgeschlossen sind, verlängert sich das Betriebsrecht unter den gleichen Bedingungen bis zur Beendigung der Tilgung, des Rückkaufs und der Einziehung.

(3) Das Betriebsrecht umfaßt die Reichseisenbahnen mit allem Zubehör einschließlich der deutschen Bodensee-Dampfschiffahrt und der sonstigen Neben-

et de l'amortissement des obligations des Réparations seront exempts en Allemagne de toute taxation frappant directement les paiements.

§ 5.
DROIT D'EXPLOITATION. TRANSFERT DES DROITS ET OBLIGATIONS.

(1) Le Reich transfère à la Compagnie le droit exclusif d'exploiter les chemins de fer aux conditions fixées dans la présente loi et les Statuts de la Compagnie. Le droit d'exploitation finira le 31 decembre 1964 à la condition que toutes les obligations des Réparations et toutes les actions de préférence soient remboursées ou rachetées à cette date.

(2) Si le remboursement ou le rachat est terminé avant cette date, la période de la concession sera raccourcie et le droit d'exploitation finira aussitôt. Au contraire, si le remboursement ou le rachat n'est pas terminé le 31 décembre 1964, le droit d'exploitation sera prolongé aux mêmes conditions jusqu'à l'achèvement dudit remboursement ou rachat.

(3) Le droit d'exploitation s'applique aux chemins de fer du Reich avec tous leurs accessoires, y compris la navigation à vapeur allemande sur le lac

Bonds, whether on account of interest or redemption, shall be subject to any German taxation imposed directly on such payments.

§ 5.
THE CONCESSION TO THE COMPANY. TRANSFER OF RIGHTS AND OBLIGATIONS.

(1) The Reich shall concede to the Company the exclusive right to operate the Railways of the Reich under the conditions set forth in this Law and the Company's Concession (Gesellschaftssatzung). The concession shall terminate on December 31st, 1964, provided that at the said date the whole of the Reparation Bonds and all the preference shares shall have then been discharged, repurchased or repaid.

(2) The concession shall terminate at an earlier date, provided that at such date the whole of the Reparation Bonds and all the preference shares shall have been discharged, repurchased or repaid. On the other hand, if at December 31st, 1964, the whole of the said bonds and shares shall not have been discharged, or repurchased, or repaid, the concession shall be prolonged under the same conditions until such discharge, repurchase or repayment shall have been completed.

(3) The concession shall comprise the Railways of the Reich, together with all their accessories, including the German Steamship Service on the Lake of Con-

betriebe nach dem Stande am Tage des Überganges des Betriebsrechts auf die Gesellschaft.

(4) Mit dem Betriebsrecht gehen unbeschadet der Vorschriften dieses Gesetzes, insbesondere des § 43, und unbeschadet der Vorschriften der Gesellschaftssatzung auf die Gesellschaft alle mit den Reichseisenbahnen und alle mit dem Unternehmen „Deutsche Reichsbahn" verbundenen Rechte und Pflichten über, einschließlich solcher aus Betriebsverträgen. Dieser Übergang der Rechte und Pflichten hat Rechtswirksamkeit auch gegenüber den bisherigen Vertragsgegnern des Unternehmens.

(5) Ebenso gehen die Rechte und Verpflichtungen aus den Beteiligungen des Unternehmens „Deutsche Reichsbahn" an anderen Unternehmungen auf die Gesellschaft über, soweit sie am Tage des Überganges des Betriebsrechts dem Unternehmen „Deutsche Reichsbahn" gehören.

(6) Gleichzeitig gehen die Betriebsvorräte und Kassenbestände sowie die Bankguthaben des Unternehmens „Deutsche Reichsbahn" unentgeltlich in das Eigentum der Gesellschaft über. Die Betriebsvorräte müssen in einer für Fortführung des ordnungsmäßigen Betriebs ausreichenden Menge vorhanden sein.

de Constance, ainsi qu'aux autres exploitations annexes, telles qu'elles existeront au moment où l'exploitation des chemins de fer sera remise à la Compagnie.

(4) En même temps seront transférés à la Compagnie pour tout ce qui n'est pas contraire aux dispositions de la présente loi et des Statuts de la Compagnie et notamment sous réserve des dispositions du § 43 tous les droits et obligations se rattachant aux chemins de fer du Reich et à l'entreprise „Deutsche Reichsbahn," y compris les droits et obligations provenant de contrats d'exploitation. Ce transfert aura validité juridique également vis-à-vis des cocontractants actuels de ladite entreprise.

(5) Seront aussi transférés les droits et les obligations provenant des participations de l'entreprise Deutsche Reichsbahn" dans d'autres entreprises, en tant qu'ils appartiendront à l'entreprise „Deutsche Reichsbahn" au jour de la remise de l'exploitation à la Compagnie.

(6) À la même date les approvisionements de toute nature, les espèces en caisse et les avoirs en banque de l'entreprise „Deutsche Reichsbahn" seront transférés gratuitement à la Compagnie. Les approvisionnements devront être d'une consistance suffisante pour assurer la continuité de l'exploitation normale des chemins de fer.

stance and other subsidiary undertakings, as they may exist at the date of the transfer of the Concession to the Company.

(4) Simultaneously there shall pass to the Company, in so far as is not contrary to the present Law and the Company's concession (Gesellschaftssatzung) and especially subject to the provisions of Section 43, all the rights and obligations attached to the Railways of the Reich and to the "Deutsche Reichsbahn" undertaking, including those arising out of operating contracts. The transfer of the rights and obligations of the "Deutsche Reichsbahn" undertaking, shall in all cases have legal effect to bind any other party that may have contracted with the said undertaking.

(5) The rights and obligations arising from the participation of the "Deutsche Reichsbahn" undertaking in other undertakings shall also be transferred to the Company as they exist at the commencement of the concession.

(6) At the same date all stock in hand and consumable stores of every kind, cash in hand and bank balances of the "Deutsche Reichsbahn" undertaking shall pass without payment to the Company. The said stock and stores shall at such date be adequate to ensure the continuance of the normal operation of the Railways.

(7) Alle bei der Deutschen Reichsbahn vorhandenen Bücher, Urkunden, Pläne und sonstigen Schriftstücke sind der Gesellschaft zu überlassen. Entsprechend sind nach Ablauf des Betriebsrechts alle Bücher, Urkunden, Pläne und sonstigen Schriftstücke dem Reiche herauszugeben.

§ 6.

REICHSEISENBAHN-VERMÖGEN.

(1) Die Reichseisenbahnen einschließlich der Beteiligungen der Reichseisenbahnverwaltung und des Unternehmens „Deutsche Reichsbahn“ an anderen Unternehmungen bleiben Eigentum des Reichs (Reichseisenbahnvermögen). Grundstücke und alle Zubehörstücke einschließlich der Fahrzeuge fallen, wenn die Gesellschaft sie für Zwecke der Reichseisenbahnen erwirbt, mit dem Erwerbe durch die Gesellschaft kraft Gesetzes in das Eigentum des Reichs.

(2) Die Gesellschaft darf über Gegenstände, die zum Reichseisenbahnvermögen gehören, verfügen, soweit sie dies mit einer ordnungsmäßigen Betriebführung für vereinbar hält. Dabei ist die Gesellschaft unbeschadet der Bestimmungen des § 8 verpflichtet, vor einer Verfügung über Gegenstände, deren Wert 250 000 Goldmark übersteigt, die Einwilligung der Reichsregierung und, solange die Reparationsschuldverschrei-

(7) Tous les livres comptables, documents, plans et autres pièces appartenant à la „Deutsche Reichsbahn" seront remis à la Compagnie. Après l'expiration du droit d'exploitation, toutes ces pièces devront, inversement être restituées au Reich.

§ 6.

PROPRIÉTÉ DES CHEMINS DE FER.

(1) Les chemins de fer du Reich, y compris les participations de l'Administration des chemins de fer du Reich et de l'entreprise „Deutsche Reichsbahn" dans d'autres entreprises resteront la propriété du Reich (Reichseisenbahnvermögen). Les immeubles, le matériel roulant et tous accessoires que la Compagnie acquerra pour le service des chemins de fer deviendront la propriété du Reich du chef même de l'acquisition par la Compagnie et en vertu de la présente loi.

(2) La Compagnie sera autorisée à disposer des biens affectés aux chemins de fer et des droits qui s'y rattachent, en tant qu'elle le jugera compatible avec une exploitation normale. Ce faisant, la Compagnie sera tenue sous réserve des stipulations du § 8 de demander avant de disposer de l'un quelconque des biens meubles et immeubles dont la valeur dépassera la limite de 250 000 marks-or, l'autorisation préalable du

(7) All books, accounts, deeds, plans and other documents in the possession of the "Deutsche Reichsbahn" undertaking, shall be transferred to the Company. On the other hand, on the termination of the concession all such documents shall be transferred to the Reich.

§ 6.

PROPERTY OF THE RAILWAYS OF THE REICH.

(1) The Railways of the Reich including the participations either of the Reichs Railway Administration or of the "Deutsche Reichsbahn" undertaking in other undertakings, shall remain the property of the Reich (Reichseisenbahnvermögen). Lands and everything attached thereto, including rolling stock, acquired by the Company for the service of the Railways of the Reich, shall become by the fact of their acquisition by the Company and by force of this Law the property of the Reich.

(2) The Company shall be entitled to dispose of property belonging to the Railways of the Reich in so far as in the opinion of the Company such disposal is not inconsisting with reasonable operating needs. Nevertheless, before disposing of any property the value of which exceeds 250 000 marks gold, the Company shall be required, subject to the provisions of Section 8, to obtain the consent of the Government and also, so long

bungen nicht getilgt oder zurückgekauft sind, die Einwilligung des Treuhänders einzuholen. Der Erlös ist von der Gesellschaft nach den Grundsätzen zu verwenden, die zwischen ihr und dem Treuhänder vereinbart sind.

Gouvernement ainsi que celle du Trustee aussi longtemps que les obligations des Réparations ne seront point amorties ou rachetées. Le produit d'une telle vente sera toujours employé par la Compagnie conformément aux règles établies d'accord entre la Compagnie et le Trustee.

as any Reparation Bonds are outstanding, the consent of the Trustee. The proceeds of any such sale paid to the Company, shall be applied by it in every case in accordance with regulations agreed upon between the Company and the Trustee.

§ 7.
BESCHRÄNKTE HAFTUNG DES REICHSEISENBAHNVERMÖGENS FÜR REICHSSCHULDEN

Das Reichseisenbahnvermögen haftet für Verpflichtungen des Reichs nur insoweit, als sie aus der bisherigen Verwaltung der Reichseisenbahnen herrühren. Zu diesen Verpflichtungen gehören auch die Verpflichtungen aus dem Staatsvertrag über den Übergang der Staatseisenbahnen auf das Reich (Reichsgesetzbl. 1920 S. 774), die von der Gesellschaft nach § 43 übernommen werden.

§ 7.
RESPONSABILITÉ LIMITÉE DES CHEMINS DE FER POUR LES DETTES DU REICH.

Les chemins de fer exploités par la Compagnie ne seront garants des obligations du Reich, qu'en tant qu'elles résultent de l'Administration antérieure des chemins de fer du Reich, y compris les obligations résultant de l'Accord pour le transfert des Chemins de fer au Reich (Staatsvertrag über den Übergang der Staatseisenbahnen auf das Reich; Reichsgesetzblatt 1920 p. 774) qui aux termes du § 43 sont transférés à la Compagnie.

§ 7.
RESPONSIBILITY OF REICHS - RAILWAY PROPERTY FOR NON-RAILWAY DEBTS OF THE REICH LIMITED.

The Reichs-Railway property shall only be responsible for such obligations of the Reich as arise out of the previous administration of the Railways of the Reich. Such obligations shall include those arising out of the "Agreement for the Transfer of the Railways of the States to the Reich" (Staatsvertrag über den Übergang der Staatseisenbahnen auf das Reich (Reichsgesetzbl. 1920 p. 774), which under the provisions of Section 43 of this Law are transferred to and imposed on the Company.

§ 8.
KREDITAUFNAHME.

(1) Die Gesellschaft hat das Recht, selbständig Kredite aufzunehmen, deren Lasten vor dem 1. Januar 1965 endigen, und dafür das Reichseisenbahnvermögen hypothekarisch zu belasten. Solche Hypotheken stehen der Reparationshypothek im Range nach; dabei sind die Bestimmungen in § 9 der Gesellschaftssatzung zu beachten.

§ 8.
EMPRUNTS.

(1) La Compagnie aura le droit de contracter librement des emprunts dont les charges prendront fin avant le 1er janvier 1965 en utilisant comme gage les chemins de fer par des hypothèques qui prendront rang après l'hypothèque des Réparations et en observant les stipulations de l'article 9 des Statuts.

§ 8.
LOANS AND CREDITS.

(1) The Company shall have the right to raise loans on its own account, provided that their currency does not extend beyond January 1st, 1965, and for the purpose of such loans to mortgage the lands of the Railways of the Reich. Any such charges shall rank after the Reparation Bonds referred to in Section 4 and shall be sub-

(2) Kredite, deren Lasten sich über den 1. Januar 1965 hinaus erstrecken, darf die Gesellschaft nur nach vorheriger Verständigung mit der Reichsregierung aufnehmen.

(3) In beiden Fällen (Abs. 1 und 2) trägt das Reich die Lasten, die auf die Zeit nach Ablauf des Betriebsrechts entfallen.

(4) Die Gesellschaft ist verpflichtet, sich bei der Ausgabe von Anleihen mit der Reichsregierung über die Anleihebedingungen ins Einvernehmen zu setzen.

§ 9.
BETRIEBFÜHRUNG.

(1) Die Gesellschaft ist verpflichtet, den Betrieb der Reichseisenbahnen sicher zu führen und die Reichseisenbahnanlagen nebst den Betriebsmitteln und dem sonstigen Zubehör auf ihre Kosten nach den Bedürfnissen des Verkehrs sowie nach dem jeweiligen Stande der Technik gut zu unterhalten und weiterzuentwickeln.

(2) Innerhalb dieser Richtlinien und der sonstigen gesetzlichen Vorschriften sowie in den durch die Aufsicht des Reichs (vgl. §§ 31 ff.) bestimmten Grenzen ist die Gesellschaft berechtigt, den Betrieb so zu führen, wie sie es für angemessen erachtet.

§ 10.
AUSSCHLIESSLICHKEIT DES BRTRIEBSRECHTS.

(1) Die Gesellschaft hat

(2) Pour les emprunts dont les charges s'étendront au delà de la date du 1er janvier 1965, un accord préalable devra être conclu entre le Gouvernement et la Compagnie.

(3) Dans les deux cas visés aux alinéas précédents le Gouvernement supportera les charges des emprunts venant à l'échéance après l'expiration du droit d'xploitation de la Compagnie.

(4) Pour l'émission publique d'emprunts la Compagnie devra se mettre d'accord avec le Gouvernement sur les conditions de l'émission.

§ 9.
EXPLOITATION.

(1) La Compagnie sera tenue d'assurer l'exploitation des chemins de fer ainsi que d'entretenir et de développer à ses frais les installations et le matériel d'une façon satisfaisante et conformément aux besoins du trafic et au progrès de la technique.

(2) Sous réserve de ces principes et des prescriptions légales et dans les limites du contrôle du Reich (§§ 31 et suiv.), la Compagnie est autorisée à diriger l'exploitation comme elle le jugera convenable.

§ 10.
DROIT EXCLUSIF D'EXPLOITATION.

(1) La Compagnie aura

ject to the provisions of Clause 9 of the Concession.

(2) Loans, the currency of which extends beyond January 1st, 1965, can only be raised by the Company with the prior consent of the Government.

(3) In both the above mentioned cases, the Reich shall assume responsibility for loans which continue current after the termination of the concession.

(4) Before the public issue of any loan the Company shall agree with the Government as to the conditions of issue.

§ 9.
OPERATION.

(1) The Company shall assume responsibility for the safe operation of the Railways of the Reich and for such adequate maintenance and development at its own expense of the undertaking, with all its accessories, as will meet the requirements of traffic and the progress in Railway technique.

(2) Subject to these principles and other legal prescriptions and within the limits of the control reserved to the Reich (see Sections 31 and following) the Company shall be entitled to operate the Railways as it may think fit.

§ 10.
MONOPOLY.

(1) The Company shall have the exclusive right to

das ausschließliche Recht zum Betrieb aller Eisenbahnen, die am Tage des Inkrafttretens dieses Gesetzes von dem Unternehmen „Deutsche Reichsbahn“ betrieben werden, gleichviel ob sie dem allgemeinen Verkehre dienen oder nicht, sowie aller Eisenbahnen des allgemeinen Verkehrs, die später Eigentum des Reichs werden.

(2) Die Gesellschaft hat ferner das ausschließliche Recht, neue Eisenbahnen des allgemeinen Verkehrs, soweit sie in Zukunft zugelassen werden, auf ihre Kosten zu bauen und zu betreiben. An den von ihr betriebenen Eisenbahnen kann sie auf ihre Kosten die nötigen Änderungen und Ergänzungen vornehmen.

(3) Die Reichsregierung kann der Gesellschaft jederzeit den Bau und Betrieb neuer Eisenbahnen des allgemeinen Verkehrs auferlegen, auch wenn die Gesellschaft glaubt, daß der Bau und Betrieb dieser neuen Eisenbahnen des allgemeinen Verkehrs nicht ertragreich sei oder daß sie den anderen Strecken der Gesellschaft unbilligen Wettbewerb bereiten. In diesen Fällen gehen Bau und Betrieb, sofern die Gesellschaft es beantragt, auf Rechnung des Reichs. Außerdem hat die Gesellschaft gegen das Reich einen Anspruch auf Ersatz der Ausfälle, die die neuen Bahnen dem Betriebe der übrigen Strecken des Netzes verursachen. Wenn jedoch die neuen Bahnen für den

le droit exclusif d'exploiter tous les chemins de fer d'intérêt général et local qui au jour de la mise en vigueur de la présente loi sont exploités par l'entreprise „Deutsche Reichsbahn," ainsi que tous les chemins de fer d'intérêt général qui deviendront postérieurement la propriété du Reich.

(2) La Compagnie aura également le droit exclusif de construire à ses frais et d'exploiter les nouvelles lignes d'intérêt général qui seront concédées à l'avenir. Elle pourra à ses frais apporter aux chemins de fer exploités par elle tous les changements et compléments nécessaires.

(3) Le Gouvernement pourra toujours imposer à la Compagnie de construire et d'exploiter de nouvelles lignes d'intérêt général, même si la Compagnie estime que la construction et l'exploitation des nouvelles lignes d'intérêt général ne seront pas profitables ou que ces nouvelles lignes entraîneront une concurrence injustifiée aux autres lignes de la Compagnie. Dans ces cas, la construction et l'exploitation seront faites pour le compte du Reich, si la Compagnie le désire. En outre la Compagnie aura le droit d'être indemnisée par le Reich des pertes que pourront causer les lignes nouvelles dans l'exploitation des autres lignes du réseau. Si au contraire les nouvel-

operate all Railways, whether of general interest (Allgemeinen Verkahr, d'Intérêt Général) or otherwise, which at the date of the coming into force of this Law are operated by the "Deutsche Reichsbahn" undertaking, as also all Railways of general interest which subsequently may become the property of the Reich.

(2) The Company shall also have the exclusive right to build at its own expense and to operate any new Railways of general interest for which a concession may be granted in the future. It may make at its own cost, all necessary alterations in and additions to the Railways which it operates.

(3) The Government may at any time require the Company to construct new lines of general interest even though the Company may consider that the construction and operation of such new lines will not be profitable or that they will compete unduly with the other lines of the Company. In any such case the construction and operation by the Company, if it so requires, shall be on account of the Reich, and the Company may further claim from the Reich compensation for the reduction caused by the operation of the new lines in the profits of the remainder of the system. If, on the other hand, the new lines increase the profits on the rest of the system, the

der übrigen Strecken einen Vorteil bringen, so ist dieser Vorteil auf den dem Reiche etwa zur Last fallenden Zuschuß für den Betrieb der neuen Bahnen anzurechnen.

les lignes apportent un bénéfice dans l'exploitation des autres lignes, ce bénéfice viendra en déduction de la perte d'exploitation eventuelle à la charge du Reich sur les lignes nouvelles.

Reich shall be entitled to set off any profits so derived against the cost of the operation of the new lines.

(4) Wenn die Gesellschaft an dem Bau oder Betrieb einer neuen Bahn des allgemeinen Verkehrs nicht interessiert ist, so kann das Recht zum Bau oder Betrieb einem Dritten verliehen werden.

(4) Si la Compagnie n'est nullement intéressé par la construction et par l'exploitation d'une nouvelle ligne d'intérêt général, la concession pourra en être donnée à un tiers.

(4) If the Company is not in any way affacted by the construction or operation of a new line of general interest the concession may be given to a third party.

(5) Der Bau neuer Strekken zur Erweiterung bestehender privater Eisenbahnen des allgemeinen Verkehrs und die Umwandlung von nicht dem allgemeinen Verkehre dienenden Eisenbahnen in solche des allgemeinen Verkehrs kann nur zugelassen werden, wenn dadurch den Strecken der Gesellschaft kein unbilliger Wettbewerb bereitet wird. Das Reich wird der Gesellschaft das Vorhaben solcher Bauten oder Umwandlungen rechtzeitig mitteilen.

(5) La construction de nouvelles lignes pour l'extension des chemins de fer privés existants d'intérêt général ou la transformation de lignes d'intérêt local en lignes d'intérêt général ne sera admise que si elle n'entraîne pas de concurrence injustifiée à la Compagnie. Le Gouvernement donnera à la Compagnie en temps utile connaissance des projets d'extension ou de transformation.

(5) The construction of a new line of general interest as an extension of an existing private railway and the conversion of Railways not of general interest into Railways of general interest shall only be authorised if this does not entail undue competition with the Company's lines. The Reich shall give the Company due notice of any such schemes for construction or conversion.

§ 11.
ENTSCHEIDUNG ÜBER DIE BEDEUTUNG DER BAHNEN.

Ob eine Eisenbahn als solche des allgemeinen Verkehrs zu gelten hat, entscheidet der für die Aufsicht über die Eisenbahnen zuständige Reichsminister nach Anhörung der beteiligten Landesregierung und der Gesellschaft.

§ 11.
DECISION SUR LA NATURE DES CHEMINS DE FER.

La question de savoir si une ligne doit être considérée comme un chemin de fer d'intérêt général, sera décidée par le Ministre du Reich qui sera compétent pour le contrôle des chemins de fer après audition du Gouvernement de l'Etat Allemand intéressé et de la Compagnie.

§ 11.
CLASSIFICATION OF RAILWAYS.

The Government of the German State concerned and the Company shall be entitled to be heard on the question as to whether a Railway is to be considered as of general interest. The decision rests with the Minister of the Reich responsible for the control of the Railways.

§ 12.

WEITERÜBERTRAGUNG DES BETRIEBSRECHTS.

Ohne Genehmigung der Reichsregierung und des Treuhänders kann die Gesellschaft das Betriebsrecht weder ganz noch teilweise auf Dritte übertragen.

§ 12.

TRANSFERT DU DROIT D'EXPLOITATION.

La Compagnie, sans autorisation préalable du Gouvernement et du Trustee, ne pourra transférer ni en tout ni en partie son droit d'exploitation à des tiers.

§ 12.

TRANSFER OF RIGHTS UNDER THE CONCESSION.

No transfer to a third party of its rights under the concession, whether in whole or in part, shall be made by the Company without the previous consent of the Government of the Reich and of the Trustee.

§ 13.

LEISTUNGEN FÜR ANDERE VERWALTUNGEN.

Leistungen der Gesellschaft für die Reichspost- und die Reichstelegraphenverwaltung und für sonstige Verwaltungen des Reichs, der Länder oder der Gemeinden (Gemeindeverbände) sowie Leistungen dieser Verwaltungen für die Gesellschaft sind gegenseitig nach den im geschäftlichen Verkehr üblichen Sätzen angemessen abzugelten. Die bestehenden Vergünstigungen für Militärtransporte bleiben aufrechterhalten, solange und soweit sie nicht durch neue Vereinbarungen zwischen der Reichsregieung und der Gesellschaft abgeändert werden.

§ 13.

PRESTATIONS POUR D'AUTRES ADMINISTRATIONS.

Les prestations de la Compagnie envers l'Administration des Postes et des Télégraphes du Reich ainsi que celles envers toutes les Adminitrations centrales, régionales ou locales et réciproquement seront rémunérées dans des conditions équitables et suivant les prix usités dans les transactions commerciales. Les réductions actuellement consenties pour les transports militaires seront maintenues sauf nouvel accord entre le Gouvernement et la Compagnie.

§ 13.

SERVICES TO OR BY DEPARTMENTS OF THE GOVERNMENTS.

Any service rendered by the Company to the Posts and Telegraphs and other Departments of the Reich, to the States, Communes or joint communal authorities (Gemeindeverbände), and likewise any service rendered by these Departments, authorities or bodies to the Company, shall be paid for at such rates as would be reasonable if the transactions were of an ordinary commercial nature. The reduced rates hitherto conceded for military transport shall be maintened unless and until a fresh agreement is entered into by the Government and the Company.

§ 14.

STEUERBEFREIUNG.

Die Gesellschaft ist von jeder neuen direkten Steuer auf ihre Rein- oder Roheinnahmen, auf ihr bewegliches oder unbewegliches Eigentum oder auf ihr Personal und von jeder sonstigen neuen direkten Steuer

§ 14.

PRIVILÈGE FISCAL.

La Compagnie sera exemptée de tout nouvel impôt direct, tant sur ses recettes nettes ou brutes que sur ses propriétés mobilières ou immobilières et sur son personnel, ou de tout autre nouvel impôt

§ 14.

EXEMPTION FROM TAXATION.

The Company shall be exempt from any new direct tax on its net or gross receipts, on its movable or immovable property or on its personnel, and from any other new direct des Reichs, der Länder, der Gemeinden (Gemeindeverbände) und sonstiger öffentlicher Körperschaften befreit. Als neue Steuer gilt jede Steuer, der das Unternehmen „Deutsche Reichsbahn" am 12. Februar 1924 nicht unterworfen war.

§ 15.

BEFÖRDERUNGS-STEUER.

(1) Die Gesellschaft hat die Beförderungssteuer nach dem am 1. April 1924 geltenden Tarif zu erheben. Zwischen der Reichsregierung und der Gesellschaft kann eine vereinfachte Berechnung des Steuerbetrags vereinbart werden; jedoch darf dadurch keine Verminderung des Gesamtaufkommens dieser Steuer eintreten.

(2) Im ersten Geschäftsjahr hat die Gesellschaft den ganzen Steuerertrag an das Reich abzuführen. Im zweiten Geschäftsjahr hat die Gesellschaft 250 Millionen Goldmark auf das Konto des Agenten für Reparationszahlungen bei der „Neuen Bank" und den Rest des Steuerertrags an das Reich abzuführen. In den folgenden Geschäftsjahren hat die Gesellschaft bis zum Ablauf des Betriebsrechts einschließlich etwaiger Verlängerungen jährlich 290 Millionen Goldmark an den Agenten für Reparationszahlungen und den Rest des Steuerertrags an das Reich abzuführen. Die Zahlungen der Gesellschaft sind monatlich zu leisten.

direct émanant du Reich, des Etats, des communes et associations de communes et d'autres corporations publiques. On entendra par nouvel impôt tout impôt auquel n'était pas soumise l'entreprise „Deutsche Reichsbahn" à la date du 12 février 1924.

§ 15.

IMPÔT SUR LES TRANSPORTS.

(1) La Compagnie percevra l'impôt sur les transports suivant le tarif en vigueur le 1er avril 1924. Une convention entre le Gouvernement et la Compagnie pourra fixer des formules simplifiées pour le calcul du produit le l'impôt, sans qu'il en résulte de diminution du revenu total de cet impôt.

(2) Dans le premier exercice la Compagnie versera au Reich tout le produit de l'impôt. Dans le deuxième exercice la Compagnie versera la somme de 250 millions de marks-or au compte de l' „Agent des paiements des Réparations" auprès de la „Nouvelle Banque" et l'exédent du produit de l'impôt au Reich. Dans les exercices suivants la Compagnie versera chaque année jusqu'à la fin de la concession—y compris toute prolongation éventuelle—la somme de 290 millions de marks-or à l' „Agent des paiements des Réparations," et l'excédent du produit de l'impôt au Reich. Les paiements de la Compagnie seront faits mensuellement.

tax of the Reich, the States, Communes or joint communal authorities, or other public bodies. Any tax to which the "Deutsche Reichsbahn" undertaking was not subject on February 12th, 1924, shall be considered as a new tax.

§ 15.

TRANSPORT TAX.

(1) The Company shall collect the transport tax at the rates in force on April 1st, 1924. An agreement may be entered into between the Government and the Company for the simplification of the method of calculation of the tax, provided that no such agreement shall entail any reduction in the total yield of this tax.

(2) In the first year of operation, the Company shall pay over the whole proccede of the tax to the Reich. In the second year of operation, the Company shall pay 250 million marks gold to the account of the Agent for Reparation Payments at the "New Bank" and the balance of the proceeds of the Reich. In each subsequent year of operation until the end of the concession and of any extension thereof the Company shall pay 290 million marks gold yearly to the Agent for Reparation Payments and the balance of the proceeds to the Reich. The payments by the Company shall be made monthly.

§ 16.

GELTUNG DER GESETZE.

(1) Die Gesellschaft unterliegt den Bestimmungen über Handelsgesellschaften nur insoweit, als sie durch dieses Gesetz oder die Gesellschaftssatzung für anwendbar erklärt werden.

(2) Die §§ 178, 179 Abs. 1, 181, 210 Abs. 1, 211, 213, 214 Abs. 1, 217 Abs. 1 und 3, 225, 228 bis 230, 231 Abs. 1, 232 Abs. 1, 235 bis 237, 239, 245, 248, 249 Abs. 1, 2 und 4, 312 und 314 Abs. 1 Ziffer 1 und Abs. 2 und 3 des Handelsgesetzbuchs gelten für die Gesellschaft sinngemäß mit der Maßgabe, daß an Stelle der Generalversammlung und des Aufsichtsrats der Verwaltungsrat tritt.

(3) Die für die Eisenbahnen allgemein geltenden Gesetze und Verordnungen sind auf die Gesellschaft insoweit anzuwenden, als sie diesem Gesetz oder der Gesellschaftssatzung nicht widersprechen. Soweit sie sich lediglich auf Privatbahnen, insbesondere auch auf deren Zulassung, Betriebführung oder Beaufsichtigung beziehen, sind sie auf die Gesellschaft nicht anzuwenden.

§ 16.

APPLICATION DES LOIS À LA COMPAGNIE.

(1) La Compagnie ne sera pas soumise aux dispositions d'ordre légal ou administratif concernant les sociétés commerciales, sauf pour les dispositions qui sont expressément déclarées applicables par la présente loi ou par les Statuts de la Compagnie.

(2) Les §§ 178, 179 al. 1, 181, 210 al. 1, 211, 213, 214 al. 1, 217 al. 1 et 3, 225, 228—230, 231 al 1, 232 al. 1, 235—237, 239, 245, 248, 249 al. 1, 2 et 4, 312 et 314 al. 1 Nr. 1 et al. 2 et 3 du Handelsgesetzbuch s'appliquent à la Compagnie mutatis mutandis sous réserve que le Conseil d'Administration est substitué à l'Assemblée générale et au Conseil de surveillance (Aufsichtsrat).

(3) Les lois et ordonnances qui s'appliquent d'une manière générale à tous les chemins de fer en Allemagne seront applicables à la Compagnie, en tant qu'elles ne se trouvent pas en contradiction avec la présente loi ou avec les Statuts de la Compagnie. Ne seront pas applicables à la Compagnie les dispositions des lois et des ordonnances qui concernent seulement les chemins de fer

§ 16.

OTHER LAWS; THEIR APPLICATION TO THE COMPANY.

(1) The Company shall not be subject to the laws and statutory regulations which apply to commercial companies, except so far as they are expressly declared by the present Law or by the Company's Concession (Gesellschaftssatzung) to be applicable to the Company.

(2) Sections 178, 179 (Sub-section 1), 181, 210 (Sub-section 1), 211, 213, 214 (Sub-section 1), 217 (Sub-sections 1 and 3), 225, 228-230, 231 (Sub-section 1), 232 (Sub-section 1), 235-237, 239, 245, 248, 249 (Sub-sections 1, 2 and 4), 312, 314 (Sub-section 1 No. 1, and Sub-sections 2 and 3) of the Commerce Code (Handelsgesetzbuch) shall apply to the Company with the necessary alterations, provided that the words "General Meeting" and "Supervisory Council" (Aufsichtsrat) shall be held to refer to the Board of Management (Verwaltungsrat) of the Company.

(3) The Laws and statutory regulations (Verordnungen) which apply in general to all Railways in Germany shall apply to the Company in so far as they are not in contradiction with the present Law or the Company's Concession (Gesellschaftssatzung). The provisions of such laws and regulations as concern solely private Railways and which deal especially with the

privés et qui s'appliquent notamment à leur concession, leur exploitation ou leur contrôle.

concession, operation or inspection of such Railways shall not apply to the Company.

(4) Die Gesellschaft kann für sich und ihre Bediensteten die Sonderstellung in Anspruch nehmen, die für die Verwaltungen des Reichs und deren Bedienstete auf dem Gebiete des Versicherungs-, Wirtschafts-, Arbeits-, Fürsorge- und Wohnungsrechts jeweils besteht; in diesen Fällen übt das Verordnungsrecht der für die Aufsicht über die Eisenbahnen zuständige Reichsminister aus; im übrigen werden die Zuständigkeiten der Obersten Reichsbehörde vom Generaldirektor wahrgenommen.

(4) La Compagnie pourra réclamer pour elle et pour son personnel le bénéfice des dispositions existant en faveur des Administrations du Reich et de leur personnel en matière d'assurance, d'organisation économique, de travail, d'assistance et de logement. Toutes ordonnances nécessaires à cet effet émaneront du Ministre du Reich qui sera compétent pour le contrôle des chemins de fer. Pour le surplus le Directeur Général exercera les fonctions de la „Oberste Reichsbehörde."

(4) The Company shall be entitled to claim for itself and its personnel the benefit of the provisions which exist in favour of the Departments of the Reich and their personnel in the matter of the Versicherungs-, Wirtschafts, Arbeits--, Fürsorge- and Wohnungsrecht (insurance, household requirements, work, benefits and housing). The Minister of the Reich responsible for the control of the Railways shall issue any such ordinance or ordinances as may be necessary to carry the above provision into effect. Subject as above the Director General shall exercise the functions of the supreme authority of the Reich (Oberste Reichsbehörde).

(5) Die Vorschriften der Gewerbeordnung sind auf den Betrieb der Deutschen Reichsbahn nicht anzuwenden.

(5) Les prescriptions de la Gewerbeordnung ne sont pas applicables à l'exploitation de la Compagnie.

(5) The provisions of the Gewerbeordnung (Laws concerning trades and industries) shall not apply to the operation of the Company.

(6) Die Vorschriften des Handelsgesetzbuchs über die Eintragung in das Handelsregister und deren rechtliche Folgen sind auf die Deutsche Reichsbahn - Gesellschaft nicht anzuwenden.

(6) Les prescriptions relatives à l'inscription au registre du commerce et aux suites juridiques de cette inscription ne s'appliquent point à la Compagnie.

(6) The provisions of the Commerce Code relating to entry in the Commerce Register and to the legal consequences of such entry shall not apply to the Company.

§ 17
BEFUGNISSE DER REICHSBAHNSTELLEN.

Die Stellen der Deutschen Reichsbahn - Gesellschaft sind keine Behörden oder amtlichen Stellen des Reichs. Sie behalten jedoch die öffentlich - rechtlichen Befug-

§ 17.
AUTORITÉS DE CHEMINS DE FER.

Les autorités de chemins de fer ne sont ni des autorités ni des organes officiels du Reich. Cependant elles continueront à jouir des attributions de droit

§ 17.
COMPANY OFFICIALS NOT STATE OFFICIALS.

The authorities of the Company shall not be authorities or official organs of the Reich. They shall, however, retain such rights of a public authority nisse in gleichem Umfang, wie sie bisher den Stellen des Unternehmens „Deutsche Reichsbahn“ zustanden. Die Gesellschaft ist berechtigt, ein Dienstsiegel mit dem Reichsadler zu führen.

§ 18.
ORGANE.

Organe der Gesellschaft sind: der Verwaltungsrat und der Vorstand. Ihre Zuständigkeit regelt die Gesellschaftssatzung.

§ 19.
RECHTS- UND DIENSTVERHÄLTNISSE DER BEDIENSTETEN.

(1) Die Rechts- und Dienstverhältnisse der Bediensteten der Gesellschaft werden durch eine Personalordnung geregelt, die von der Gesellschaft unter Beachtung der nachstehenden Bestimmungen zu erlassen ist.

(2) Die auf dem Gebiete des Arbeits-, Fürsorge- und Versicherungsrechts allgemein geltenden Gesetze und Verordnungen gelten, soweit sie nicht diesem Gesetz oder der Gesellschaftssatzung widersprechen, auch für die Beamten, Angestellten und Arbeiter der Gesellschaft.

(3) Durch ein besonderes Reichsgesetz (Reichsbahn-Personalgesetz)[1]), das gleich-

[1]) Vgl. S. 61.

public qui étaient accordées jusqu'à présent aux autorités de l'entreprise „Deutsche Reichsbahn." La Compagnie est autorisée à se servir d'un cachet portant l'aigle Allemand.

§ 18.
ORGANISATION DE LA COMPAGNIE.

Auront qualité pour agir au nom de la Compagnie et pour la représenter, le Conseil d'Administration et la Direction dans les limites qui sont fixées par les Statuts de la Compagnie.

§ 19.
ETAT JURIDIQUE DU PERSONNEL.

(1) Les droits et obligations ainsi que les conditions de service du personnel de la Compagnie seront réglés par le Statut du personnel qui sera établi par la Compagnie en observant les dispositions qui suivent.

(2) Toutefois les lois et ordonnances d'ordre général édictées en matière de législation du travail, de l'assistance et de l'assurance seront également applicables aux fonctionnaires, employés et ouvriers de la Compagnie dans la mesure où elles ne seraient pas contraires aux dispositions de la présente loi et des Statuts de la Compagnie.

(3) Une loi spéciale du Reich (Reichsbahn - Personalgesetz) qui entrera en

as have hitherto been enjoyed by the authorities of the "Deutsche Reichsbahn" undertaking. The Company shall be entitled to use a seal displaying the German eagle.

§ 18.
REPRESENTATION OF THE COMPANY.

The Board of Management (Verwaltungsrat) and the Directorate (Vorstand) shall have authority to represent the Company and to act in its name subject to the restrictions laid down in the Company's Concession.

§ 19.
LEGAL POSITION OF THE PERSONNEL.

(1) The rights, duties and conditions of service of the personnel of the Company shall be determined by the Staff Regulations (Personalordnung), which shall be drawn up by the Company in conformity with and subject to the following provisions:—

(2) Provided that the laws and statutory regulations of general application in reference to labour benefits and insurance shall apply to the Beamte (Permanent Staff), employees and workmen of the Company in so far as they do not conflict with the provisions of this Law and of the Company's Concession.

(3) A new separate law (Reichsbahnpersonalgesetz), which shall take effect si-

zeitig mit diesem Gesetz in Kraft treten soll, sind die bisherigen gesetzlichen Vorschriften über die Rechts- und Dienstverhältnisse der Bediensteten mit den Bestimmungen dieses Gesetzes in Übereinstimmung zu bringen.

(4) Bis zum Inkrafttreten der Personalordnung bleiben für die Bediensteten die für das Unternehmen „Deutsche Reichsbahn" geltenden Bestimmungen und Dienstvorschriften maßgebend, soweit nicht die Bestimmungen dieses Gesetzes entgegenstehen.

vigueur en même temps que la présente loi mettra en accord les dispositions législatives actuelles sur cette matière avec les dispositions de la présente loi.

(4) Jusqu'au moment de l'entrée en vigueur du Statut du personnel, le personnel sera soumis aux dispositions et règlements de service actuellement applicables au personnel de l'entreprise „Deutsche Reichsbahn," pour ce qui n'est pas contraire aux dispositions de la présente loi.

multaneously with this Law, shall bring the legal provisions at present in force in this matter into accordance with the provisions of this Law.

(4) Until the Company's staff regulations come into force, the personnel of the Company shall be governed by the provisions and service regulations hitherto applying to the personnel of the "Deutsche Reichsbahn" undertaking, so far as such provisions are not contrary to the provisions of the present Law.

§ 20.

WAHRUNG ERWORBENER RECHTE.

(1) Die im Dienst des Unternehmens „Deutsche Reichsbahn" stehenden Reichsbeamten werden mit Ausnahme der Beamten für den Dienst der Aufsichtsbehörde mit dem Übergang des Betriebsrechts auf die Gesellschaft Reichsbahnbeamte. Ihnen werden an Diensteinkommen, Wartegeld, Ruhegehalt und Hinterbliebenenversorgung die Ansprüche gewährleistet, die sie als Reichsbeamte hatten; dies gilt auch für die Fortgewährung des gesamten Diensteinkommens bei Krankheit und Erholungsurlaub.

(2) Beamte, denen ein Rücktrittsrecht zum Unternehmen „Deutsche Reichsbahn" zusteht, können die-

§ 20.

GARANTIE DES DROITS ACQUIS.

(1) Les fonctionnaires du Reich occupés au service de l'entreprise "Deutsche Reichsbahn", à l'exception de ceux chargés du contrôle pour le Gouvernement, deviendront fonctionnaires de la Compagnie (Reichsbahnbeamte) dès l'origine de la concession. Ces fonctionnaires conserveront les droits qu'ils avaient comme fonctionnaires du Reich et ce qui concerne le traitement d'activité, le traitement d'attente, la pension de retraite et le droit de secours aux survivants, ainsi que la continuation du traitement entier en cas de maladie ou de congé de repos.

(2) Les fonctionnaires ayant droit de retour à l'entreprise "Deutsche Reichsbahn" auront le

§ 20.

PROTECTION OF EXISTING RIGHTS.

(1) The Reichsbeamte (Permanent Staff) at present in the service of the Deutsche Reichsbahn undertaking with the exception of such as are entrusted with control functions on behalf of the Government, shall as from the date of the Concession become Beamte of the Company (Reichsbahnbeamte). These Beamte shall retain the rights which they possessed as Reichsbeamte in respect of full pay, half-pay (Wartegeld), pension, allowances to surviving dependents, as also in respect of the continuance of full pay during sickness or holidays.

(2) Beamte at present entitled to be taken back into the service of the Deutsche Reichsbahn under-

ses Recht der Gesellschaft gegenüber ausüben.

(3) Die Gesellschaft übernimmt die im Dienst des Unternehmens „Deutsche Reichsbahn" stehenden Angestellten und Arbeiter mit den beiderseitigen Rechten und Verpflichtungen.

même droit vis-à-vis de la Compagnie.

(3) La Compagnie prendra aussi à sa charge avec leurs droits et leurs obligations respectifs, les employés et les ouvriers occupés au service de l'entreprise "Deutsche Reichsbahn."

taking shall retain the same right as against the Company.

(3) The Company shall also take into its service the Angestellte (employees) and workmen employed by the Deutsche Reichsbahn undertaking, with their respective rights and obligations.

§ 21.

LANDSMANNSCHAFTLICHER CHARAKTER.

Die Beamten, Angestellten und Arbeiter der Gesellschaft sollen in der Regel in ihrem Dienstbezirk Landesangehörige sein. Sie sind auf ihren Wunsch in ihren Heimatgebieten zu verwenden, soweit dies möglich ist und nicht Rücksichten auf ihre Ausbildung oder Erfordernisse des Dienstes entgegenstehen.

§ 21.

AFFECTATION REGIONALE DU PERSONNEL.

Les fonctionnaires, employés et ouvriers de la Compagnie doivent être en règle générale employés dans l'Etat, dont ils sont ressortissants. Ils devront également être employés dans leur région d'origine dans la mesure du possible et autant que le permettront leur compétence professionnelle ou les besoins du service.

§ 21.

LOCAL EMPLOYMENT OF STAFF.

The Beamte, employees and workmen of the Company shall as a general rule be employed in the State of which they are citizens. They shall further be employed, as far as possible, subject to their qualifications and the needs of the service, in their respective States.

§ 22.

PERSONALORDNUNG.

(1) Die von der Gesellschaft zu erlassende Personalordnung soll unter Beachtung der Bestimmungen dieses Gesetzes insbesondere regeln:

a) die Vorschriften über die Einstellung und die Laufbahn der Reichsbahnbeamten,

b) die Dienstbezeichnungen der Reichsbahnbeamten,

c) das Diensteinkommen, das Wartegeld und alle übrigen Dienstbezüge der Reichsbahnbeamten sowie das Ruhe-

§ 22.

STATUT DU PERSONNEL.

(1) Le Statut du personnel établi par la Compagnie réglera notamment les matières suivantes sous les réserves mentionnées par la présente loi:

a) les conditions d'admission et d'avancement des fonctionnaires,

b) la désignation des emplois de fonctionnaires,

c) les traitements d'activité et d'attente et toutes les autres rémunérations régulières des fonctionnaires

§ 22.

STAFF REGULATIONS.

(1) The Staff Regulations to be drawn up by the Company shall in particular determine the following matters, subject always to the provisions of this Law:

(*a*) the conditions of appointment and promotion of Beamte;

(*b*) their classification;

(*c*) the salaries, whether full pay or half pay (Wartegeld) and all permanent allowances of the Beamte, as gehalt und die Hinterbliebenenversorgung,

d) die Arbeitszeit (Dienst- und Ruhezeiten) der Reichsbahnbeamten,

e) die Beschäftigungsbedingungen sowie die Besoldungs- und Lohnverhältnisse der Angestellten und Arbeiter, soweit sie nicht vereinbart werden,

f) die Einstellungs- und Anstellungsbedingungen der Versorgungsanwärter.

(2) Die Gesellschaft kann die jeweils für Reichsbahnbeamte geltenden Dienstvorschriften über die Arbeitszeit auf die Angestellten und Arbeiter übertragen.

(3) Die Personalordnung hat die Rechts- und Dienstverhältnisse der Reichsbahnbeamten unter Berücksichtigung der besonderen Verhältnisse der Gesellschaft in Anlehnung an die für Reichsbeamte geltenden Vorschriften zu regeln.

§ 23.

PFLICHTEN DER REICHSBAHNBEAMTEN.

(1) Der Reichsbahnbeamte ist verpflichtet, das öffentliche Interesse und das Interesse der Gesellschaft zu wahren.

(2) Ein Reichsbahnbeamter, der die ihm obliegenden Pflichten verletzt, wird unter sinngemäßer Anwendung des Dienststrafrechts

ainsi que les pensions de retraite et les allocations à accorder aux survivants,

d) la durée de service des fonctionnaires de la Compagnie,

e) les conditions d'occupation et de rémunération des employés et des ouvriers en tant qu'elles n'auront pas fait l'objet de contrats,

f) les conditions d'admission et de commissionnement des candidats ayant droit à être pourvus d'un emploi civil.

(2) La Compagnie aura le droit d'adapter la durée du travail des employés et ouvriers aux prescriptions qu'elle aura établies concernant le service des fonctionnaires.

(3) Le Statut du personnel devra, tout en tenant compte des conditions particulières à la Compagnie, fixer les droits, obligations et conditions de service de ses fonctionnaires, en s'inspirant des prescriptions régissant en cette matière les fonctionnaires du Reich.

§ 23.

DEVOIRS DES FONCTIONNAIRES.

(1) Tout fonctionnaire de la Reichsbahn sera tenu de sauvegarder l'intérêt public et l'intérêt de la Compagnie.

(2) En cas de violation de leurs devoirs, les fonctionnaires de la Compagnie seront poursuivis suivant la procédure disciplinaire pré-

also the pension scale and allowances to surviving dependents;

(*d*) hours of work of Beamte;

(*e*) conditions of service and salaries and wages of Angestellte and workmen so far as they may not be the subject of contracts;

(*f*) conditions of admission and appointment of such candidates as are entitled to civil employment.

(2) The Company shall have the right so to fix the hours of work of its employees and workmen as to correspond with the regulations which it may make for the work of its Beamte.

(3) The Company in drawing up its Staff Regulations, shall have regard to the special conditions of Railways service, but shall never fix the rights, duties and conditions of service of its Beamte without due consideration of the regulations applying to Beamte of the Reich.

§ 23.

DUTIES OF BEAMTE.

(1) Every Reichsbahnbeamte shall be under obligation to protect the public interests and the interests of the Company.

(2) In case of breach of duty, the Reichsbahnbeamte shall be subject to the same disciplinary procedure with the necessary changes as

der Reichsbeamten zur Rechenschaft gezogen. Als Oberste Reichsbehörde gilt der Generaldirektor, der seine Befugnisse auf andere Stellen der Gesellschaft übertragen kann.

(3) Der Generaldirektor ist der höchste Vorgesetzte aller Reichsbahnbedienste-ten.

§ 24.
VERSETZUNG AUF ANDERE DIENST-POSTEN UND VERSETZUNG IN DEN EINSTWEILIGEN RUHESTAND.

Die Gesellschaft kann Reichsbahnbeamte auf Dienstposten von geringerer Bewertung versetzen, wenn das dienstliche Bedürfnis es erfordert. Der Reichsbahnbeamte kann unter Bewilligung von Wartegeld einstweilen in den Ruhestand versetzt werden.

§ 25.
VERSORGUNGS-ANWÄRTER.

Bei künftig notwendiger Einstellung von Reichsbahnbeamten und Angestellten hat die Gesellschaft für fünfzehn vom Hundert der freien Plätze Versorgungsanwärtern des Heeres, der Marine und der Polizei den Vorrang einzuräumen.

§ 26.
FESTSETZUNG DER DIENSTBEZÜGE.

(1) Die Gesellschaft hat die Dienstbezüge der Reichs-

vue pour les fonctionnaires du Reich. Dans ce cas le Directeur Général ou ses délégués exerceront les fonctions de la “Oberste Reichsbehörde.”

(3) Le Directeur Général est le Chef suprême de tout le personnel de la Compagnie.

§ 24.
RETROGRADATION ET MISE EN NON-ACTIVITE.

La Compagnie pourra rétrograder ses fonctionnaires, lorsque les nécessités de service l'exigeront. Elle pourra également décider leur mise en non-activité, moyennant l'allocation du traitement d'attente.

§ 25.
AYANTS-DROIT A UN EMPLOI CIVIL.

Dans l'admission des fonctionnaires et employés, dont elle aura besoin dans l'avenir, la Compagnie devra donner la préférence dans la proportion de 15 % des places vacantes aux candidats qui, après leur service dans l'armée, la marine ou la police ont suivant la loi droit à un emploi civil.

§ 26.
FIXATION DES TRAITEMENTS.

(1) La Compagnie devra fixer les traitements et

is provided for in the case of Beamte of the Reich. In any such case, the Director-General or his authorised representatives shall possess the powers of the supreme authority of the Reich (Oberste Reichsbehörde).

(3) The Director-General shall be the supreme head of all the personnel of the Company.

§ 24.
EMPLOYMENT IN LOWER GRADES. HALF PAY.

A Reichsbahnbeamte can be employed in a lower grade capacity, when the necessities of the service so require. He may also be placed temporarily on half pay (Wartegeld).

§ 25.
PERSONS ENTITLED TO CIVIL EMPLOYMENT.

In future appointments of Beamte and employees the Company shall reserve fifteen per cents of the vacancies for such candidates as after service in the Army, the Navy or the Police have a preferential right to civil employment.

§ 26.
RESERVATIONS AS TO SALARIES.

(1) In fixing the pay and permanent allowances of

bahnbeamten mit Ausnahme der leitenden Beamten unter Berücksichtigung der Verhältnisse der Reichsbeamten festzusetzen.

(2) Im Falle einer Erhöhung der Dienstbezüge von Klassen der Reichsbahnbeamten mit Ausnahme der leitenden Beamten hat die Gesellschaft ihre Absichten vor der Durchführung der Reichsregierung mitzuteilen. Die Reichsregierung kann innerhalb zwanzig Tagen gegen die Absichten Einspruch erheben oder ihre Änderung verlangen, wenn sie geeignet sind, infolge der Rückwirkung auf die Verhältnisse der Reichsbeamten eine ernstliche Belastung des Reichs herbeizuführen. Bei Meinungsverschiedenheit zwischen der Reichsregierung und der Gesellschaft kann diese das besondere Gericht (§ 44) anrufen; bis zur Entscheidung des Gerichts bleiben die bisherigen Dienstbezüge bestehen.

(3) Durch diese Vorschrift wird das Recht der Gesellschaft nicht berührt, in besonderen Fällen Vergütungen zu gewähren, solange diese nicht fünf vom Hundert des gesamten Aufwandes für die Dienstbezüge der Beamten übersteigen.

(4) Die Gesellschaft bestimmt die Dienstbezüge der leitenden Beamten selbständig; der Kreis dieser Beamten wird vom Verwaltungsrat festgesetzt.

autres rémunérations régulières de ses fonctionnaires, exception faite des fonctionnaires dirigeants, en ayant égard à la situation des fonctionnaires du Reich.

(2) En cas d'augmentation des traitements et autres rémunérations régulières des classes de fonctionnaires, sauf pour les fonctionnaires dirigeants, la Compagnie devra communiquer ces projets au Gouvernement avant leur mise en application. Le Gouvernement pourra dans le délai de 20 jours faire opposition à ces projets ou demander leur modification dans le cas où ils seraient de nature à entraîner des charges sérieuses pour lui par répercussion sur la situation des fonctionnaires du Reich. En cas de désaccord entre le Gouvernement et la Compagnie, la Compagnie pourra recourir au Tribunal spécial prévu au § 44 de la loi; les traitements et autres rémunérations régulières existants resteront en vigueur jusqu'à la décision du Tribunal.

(3) Cette disposition ne porte pas atteinte au droit de la Compagnie d'accorder des gratifications spéciales, en tant qu'elles ne dépasseront jamais au total 5 % des dépenses totales pour les traitements et autres rémunérations régulières des fonctionnaires.

(4) La Compagnie fixera librement les traitements et autres rémunerations de ses fonctionnaires dirigeants dont la désignation sera faite par le Conseil d'Administration.

the Reichsbahnbeamte other than superior officers (Leitende Beamte) the Company shall take into consideration the position of Reichsbeamte.

(2) If the Company proposes to increase the pay and permanent allowances of any class of Reichsbahnbeamte other than superior officers, it shall communicate its proposals in advance to the Government. The Government shall thereupon be entitled within 20 days to object to such proposals or to require their modification in any case where they might tend by their reaction upon the situation of Reichsbeamte to impose upon the Reich a serious burden. In case of disagreement between the Government and the Company, the Company may appeal to the Tribunal established under Section 44 of this law. In such case the existing pay and permanent allowances shall continue to be paid until the decision of the Tribunal is given.

(3) This provision shall not affect the right of the Company to grant bonuses in special cases, provided that the total of such bonuses shall never exceed a sum equal to five (5%) per cent of the total pay and permanent allowances of the Beamte.

(4) The Company shall be free to fix the emoluments of such officials as the Board of Management may designate as superior officers.

§ 27.

EINHEIT DES UNTERNEHMENS.

Bei organisatorischen Maßnahmen der Gesellschaft muß der Charakter des Unternehmens als einer einheitlichen Verkehrsanstalt, insbesondere auf dem Gebiete der Tarife und Finanzen, gewahrt werden.

§ 27.

UNITE DE L'ENTREPRISE.

L'exploitation des chemins de fer concédés à la Compagnie devra être organisée de façon à ne jamais porter atteinte au caractère de la Compagnie comme unité d'entreprise de transport, notamment dans le domaine financier et tarifaire.

§ 27.

UNITY OF THE UNDERTAKING.

The Railways conceded to the Company shall always be so operated and managed as to preserve the character of the Company as a unified undertaking, especially in matters of tariffs and finance.

§ 28.

GERICHTSSTAND.

Der allgemeine Gerichtsstand der Deutschen Reichsbahn - Gesellschaft wird durch den Sitz der Stelle bestimmt, die nach der Geschäftsordnung berufen ist, die Gesellschaft in dem Rechtsstreite zu vertreten.

§ 28.

DOMICILE LEGAL DE LA COMPAGNIE.

Pour les procès le domicile légal de la Compagnie sera déterminé par le siège de la Direction centrale ou locale, qui est compétente pour représenter la Compagnie selon son règlement intérieur.

§ 28.

DOMICILE OF THE COMPANY.

For the purpose of legal proceedings the Company shall be held to be domiciled in the place where is situated the Directorate, central or local, empowered by the standing orders of the Company to represent it.

§ 29.

RECHNUNGSFÜHRUNG.

Die Rechnung der Gesellschaft ist nach kaufmännischen Grundsätzen so zu führen, daß die Finanzlage des Unternehmens jederzeit mit Sicherheit festgestellt werden kann.

§ 29.

COMPTABILITE.

La comptabilité de la Compagnie devra être tenue suivant les règles de la comptabilité commerciale, de sorte que l'on puisse à tout moment constater avec précision sa situation financière.

§ 29.

ACCOUNTANCY.

The Company's accounts shall be kept according to the principles of commercial accountancy, in such a manner that the financial position of the undertaking may be clearly ascertained at any moment.

§ 30.

BILANZ, GEWINN- UND VERLUSTRECHNUNG.

(1) Die Bilanz und die Gewinn- und Verlustrechnung der Gesellschaft sollen innerhalb einer Frist von sechs Monaten nach Ablauf eines jeden Geschäftsjahres veröffentlicht werden.

(2) Die Reichsregierung hat das Recht, jederzeit die Bilanz und die Gewinn- und

§ 30.

BILAN. COMPTE DES PROFITS ET PERTES.

(1) Le bilan et le compte des profits et pertes de la Compagnie devront être publiés dans le délai de six mois après la fin de chaque exercice.

(2) Le Gouvernement aura le droit de faire vérifier à tout moment le bilan

§ 30.

BALANCE SHEET, PROFIT AND LOSS ACCOUNT.

(1) The Company's balance sheet and Profit and Loss Account shall be published yearly, within six months after the close of each financial year.

(2) The Government shall have the right to examine the Company's

Verlustrechnung der Gesellschaft nachprüfen zu lassen, in alle Buchungen für die Bilanz und die Gewinn- und Verlustrechnung Einsicht zu nehmen, die sich bei der Hauptverwaltung befinden, und sich alle erforderlichen Auskünfte erteilen zu lassen. Jedoch dürfen hierdurch der Gesellschaft keine besonderen Kosten entstehen.

(3) Die Reichshaushaltsordnung findet auf die Gesellschaft keine Anwendung.

et le compte des profits et pertes et de faire inspecter tous les registres comptables qui s'y rapportent et qui se trouvent dans l'Administration centrale, ainsi que de se faire fournir tous les renseignements nécessaires, le tout, sans qu'il en résulte des dépenses spéciales pour la Compagnie.

(3) La Reichshaushaltsordnung n'est pas applicable à la Compagnie.

Balance Sheet and Profit and Loss Account at any time, to inspect all such books of account concerning the Balance Sheet and Profit and Loss Account as are kept at the Head Office of the Company and to call for all necessary information, provided that no special expenditure is thereby entailed on the Company.

(3) The Reichshaushaltsordnung (Budget System) shall not apply to the Company.

§ 31.

AUFSICHTSRECHT DER REICHSREGIERUNG.

Der Reichregierung bleibt gegenüber der Gesellschaft vorbehalten:

1. die Aufsicht darüber, daß die Reichseisenbahnen samt allen Anlagen und Betriebsmitteln in betriebssicherem Zustand erhalten werden und daß der Betrieb zufriedenstellend geführt wird (vgl. § 9 Abs. 1);

2. die Genehmigung

a) zur dauernden Einstellung des Betriebs einer Reichsbahnstrecke oder eines wichtigen Bahnhofs,

b) zu allgemeinen grundlegenden Neuerungen oder Änderungen technischer Anlagen, insbesondere die Genehmigung zur Ausdehnung oder Einschränkung der elektrischen Zugförderung und zu Systemänderungen im Sicherungswesen. Die konstruktive Durch-

§ 31.

DROITS DE CONTROLE DU GOUVERNEMENT.

Le Gouvernement se réserve vis-à-vis de la Compagnie:

1. le droit de veiller à ce que les installations des chemins de fer, leur matériel roulant et les accessoires de toute espèce soient dans un état assurant la sécurité de l'exploitation et à ce que le service soit effectué de façon satisfaisante (c. § 9 al. 1);

2. l'autorisation à donner

a) pour la fermeture définitive à l'exploitation d'une ligne de chemin de fer ou d'une gare importante.

b) pour procéder à des innovations ou modifications fondamentales et générales en ce qui concerne les installations techniques, notamment pour procéder à une extension ou à une restriction de la traction électrique ainsi que pour apporter des modifica-

§ 31.

GOVERNMENT SUPERVISION.

The Government reserves over the Company the rights following:—

1. The right to ensure that the Railways of the Reich together with all their works, rolling stock, plant and material are maintained and operated in a manner consistent with safety and public convenience (Cf. Section 9, Subsection 1);

2. the right to approve

a. the permanent closing for traffic of a line or of an important station,

b. the introduction of new apparatus or appliances, or the replacement of existing apparatus or appliances in any case where such introduction or replacement is on an important scale or intended to be generally applied, such as the extension or bildung ist ausschließlich Sache der Gesellschaft;

3. die Genehmigung zum Erwerb anderer Unternehmungen oder zur Beteiligung an anderen Unternehmungen, die nicht dem Betriebszweck der Reichsbahn dienen;

4. die Mitwirkung bei Aufstellung der Tarife nach Maßgabe des § 33;

5. die Mitwirkung bei Aufstellung der regelmäßigen Fahrpläne des Personenverkehrs nach Maßgabe des § 35;

6. die Genehmigung zur Abschaffung einer bestehenden Personenwagenklasse;

7. die Überwachung der Vorkehrungen zur Sicherung eines Notbetriebs.

tions aux systèmes des installations de protection. Les conditions d'exécution sont réservées entièrement à la Compagnie,

3. le droit d'approuver l'acquisition d'autres entreprises ou la participation dans d'autres entreprises qui ne servent pas aux besoins de l'exploitation des chemins de fer,

4. le droit d'intervenir dans l'établissement des tarifs dans les conditions fixées au § 33,

5. le droit d'intervenir dans l'établissement des horaires réguliers pour le service des voyageurs dans les conditions fixées au § 35,.

6. le droit d'approuver la suppression d'une des classes existantes dans le trafic voyageurs,

7. le droit de surveiller les mesures prises pour assurer le service dans des circonstances exceptionnelles.

restriction of electric traction or changes in the system of train protection. The Company shall remain solely responsible for the technical details of construction.

3. the right to approve the acquisition of other undertakings or the participation in other undertakings not directly connected with the operation of the Railways of the Reich;

4. such participation in fixing tariffs as is specified in Section 33;

5. such participation in fixing passenger train services as is specified in Section 35;

6. the right to approve the abolition of any of the existing Classes of passenger vehicles;

7. the right to supervise the maintenance of emergency services.

§ 32.

AUSKUNFTSRECHT DER REICHSREGIERUNG.

Die Reichsregierung kann von der Gesellschaft jede Auskunft finanzieller Art und innerhalb ihres Aufsichtsrechts jede Auskunft administrativer und technischer Art verlangen. Dabei dürfen jedoch der Gesellschaft keine überflüssigen Kosten verursacht werden.

§ 32.

DROIT D'INFORMATION DU GOUVERNEMENT.

Le Gouvernement pourra demander tous renseignements d'ordre financier et, dans la limite de son droit de contrôle, tous renseignements d'ordre administratif et technique, sans toutefois causer des dépenses inutiles à la Compagnie.

§ 32.

GOVERNMENT'S RIGHT TO INFORMATION.

The Government may require the Company to furnish all information of a financial nature, and, within the limits of its rights of supervision, all information of a technical and administrative nature, provided that no unnecessary expense is thereby caused to the Company.

§ 33.

TARIFE.

(1) Die Gesellschaft hat vom Tage ihrer Errichtung an die zu diesem Zeitpunkt geltenden Tarife anzuwenden. In der Folgezeit können diese Tarife nach den folgenden Bestimmungen geändert werden. Die in Staatsverträgen enthaltenen Bestimmungen über Tarife sind von der Gesellschaft einzuhalten.

(2) Änderungen der Ausführungsbestimmungen zur Eisenbahn - Verkehrsordnung, Änderungen der Normaltarife einschließlich der allgemeinen Tarifvorschriften, der Gütereinteilung und der Nebengebühren sowie Einführung, Änderung und Aufhebung von internationalen Tarifen und von Ausnahmetarifen sowie aller sonstigen Tarifvergünstigungen bedürfen der Genehmigung der Reichsregierung.

(3) Die Genehmigung gilt als erteilt, wenn der Gesellschaft nicht innerhalb von zwanzig Tagen auf ihren Antrag von dem für die Aufsicht über die Eisenbahnen zuständigen Reichsminister Antwort zugeht. In allen Fällen wird die Reichsregierung der Gesellschaft auf die von dieser vorgelegten Tarifvorschläge die abschließende Entscheidung in möglichst kurzer Frist erteilen. Die bisherigen Tarife bleiben in Kraft, bis die Reichsregierung entschieden hat, oder bei Meinungsverschiedenheiten zwi-

§ 33.

TARIFS.

(1) La Compagnie appliquera dès sa constitution les tarifs actuellement en vigueur. Dans la suite, elle pourra modifier ces tarifs ou certains d'entre eux dans les conditions indiqués ci-après. Les dispositions des Traités en vigueur relatives aux tarifs devront être respectées par la Compagnie.

(2) Devront être soumises à l'autorisation du Gouvernement, toute modification du règlement d'application de la Eisenbahn - Verkehrsordnung, toute modification des tarifs normaux, ainsi que des prescriptions générales concernant les tarifs, de la classification des marchandises, des droits accessoires, de même que l'introduction, la modification et la suppression de tarifs internationaux et des tarifs exceptionnels ainsi que de toutes autres faveurs d'ordre tarifaire.

(3) L'autorisation du Gouvernement est censée avoir été donnée, si dans les 20 jours suivant la présentation de la demande, la Compagnie n'a pas reçu de réponse du Ministre du Reich qui sera compétent pour le contrôle sur les chemins de fer. Dans tous les cas le Gouvernement donnera dans le plus court délai possible sa décision définitive sur les propositions tarifaires qui seront faites par la Compagnie Les tarifs préexistants seront maintenus jusqu'à ce que le Gouvernement ait pris sa déci-

§ 33.

TARIFFS.

(1) The Company shall at the outset charge the tariffs at that moment in force. Subsequently it may change these tariffs or any of them under the conditions set out hereafter. The provisions contained in Treaties in force in reference to tariffs shall be observed by the Company.

(2) There shall be submitted for the approval of the Government any alteration in the methods of tariff application prescribed by the Eisenbahn-Verkehrsordnung (Traffic Prescriptions), in the general tariffs, including the general tariff regulations, in the freight classification and in the scale of supplementary charges, as also the introduction, alteration or withdrawal of international or exceptional tariffs or of any other special concessions in tariffs.

(3) The approval of the Government shall be held to have been given if the Company has not received a reply from the Minister of the Reich responsible for the control of the Railways within twenty days of its application for approval. The definite decision of the Government on any tariff proposal submitted by the Company shall always be given with the least possible delay. The existing tariffs shall remain in force until the Government has rendered its decision, or, in case of disagreement be-

schen der Reichsregierung und der Gesellschaft über diese Entscheidung bis zur Entscheidung des besonderen Gerichts oder des Schiedsrichters gemäß §§ 44 und 45.

(4) Die Reichsregierung kann auf die vorherige Genehmigung von Tarifmaßnahmen verzichten, die von geringerem öffentlichen Interesse sind. Auch in diesem Falle sind die Tarifänderungen unverzüglich der Reichsregierung anzuzeigen.

(5) Die Reichsregierung kann ferner Ermäßigungen der Personen- oder Gütertarife und sonstige Änderungen der Tarifbestimmungen verlangen, die sie im Interesse der deutschen Volkswirtschaft für notwendig erachtet. Bei Meinungsverschiedenheiten zwischen der Reichsregierung und der Gesellschaft entscheidet das besondere Gericht oder der Schiedsrichter nach den Bestimmungen der §§ 44 und 45.

§ 34.

RÜCKSICHTNAHME AUF DEN ZINSEN- UND TILGUNGSDIENST.

Die Aufsicht über den Betrieb und die Tarife der Gesellschaft auf Grund dieses Gesetzes ist von der Reichsregierung so auszuüben, daß die Gesellschaft dadurch nicht gehindert wird, die Einnahmen zu erzielen, die für den Zinsen- und Tilgungsdienst der Schuldverschreibungen sowie für die Vorzugsdividende und die Einziehung der Vorzugsaktien erforderlich sind.

sion ou, en cas de désaccord sur cette décision entre le Gouvernement et la Compagnie, jusqu'au jugement à rendre par le Tribunal ou par l'Arbitre dans les conditions prévues aux §§ 44 et 45 de la présente loi.

(4) Le Gouvernement pourra renoncer à son droit d'autorisation préalable pour les mesures tarifaires qui ne seront pas de grand intérêt général. Même dans ce cas, les modifications de tarifs devront être notifiées incontinent au Gouvernement.

(4) Le Gouvernement pourra aussi demander un abaissement des tarifs ou quelque autre modification des dispositions tarifaires jugée nécessaire dans l'intérêt de l'économie nationale. S'il y a désaccord avec la Compagnie la question sera soumise au Tribunal ou à l'Arbitre dans les conditions prévues aux §§ 44 et 45 de la prèsente loi.

§ 34.

PROTECTION DU SERVICE DES INTERETS ET DE L'AMORTISSEMENT.

Par l'exercice de tous les droits de surveillance et de contrôle de l'exploitation et des tarifs des chemins de fer qui sont réservés au Gouvernement par la présente loi, la Compagnie ne devra pas être empêchée d'obtenir une rémunération suffisante pour garantir la régularité du service d'intérêt et d'amortissement des obligations et des actions de préférence.

tween the Government and the Company, until the judgment of the Tribunal, or, as the case may be of the Arbitrator under the provisions of Sections 44 and 45 of this law, has been pronounced.

(4) Le Gouvernement renounce the right of previous approval in such cases as are not of important public interest. In any such case alterations made are to be notified forthwith to the Government.

(5) The Government may further call for a reduction in tariffs or any other alteration in tariff provisions which it considers necessary in the interests of the national economy. In case of difference between the Government and the Company the case shall be referred to the tribunal or the Arbitrator under the provisions of sections 44 and 45 of this Law.

§ 34.

PROTECTION OF THE INTEREST AND SINKING FUND.

The rights of supervision and control of the operation and tariffs of the Railways reserved to the Government by the present law shall never be so exercised by the Government as to prevent the Company earning a net revenue adequate to secure the regular payment of interest and sinking fund on the bonds and the preference shares.

§ 35.

FAHRPLÄNE.

(1) Die Gesellschaft hat der Reichsregierung die Entwürfe der Jahres- und Halbjahresfahrpläne des Personenverkehrs mitzuteilen. Die Entwürfe der Fahrpläne internationaler Züge sind vor deren internationaler Beratung mitzuteilen.

(2) Die Gesellschaft soll die ihr gemachten Änderungsvorschläge der Reichsregierung möglichst berücksichtigen.

§ 36.

VERHANDLUNGEN MIT AUSLÄNDISCHEN REGIERUNGEN.

Die Gesellschaft darf Verhandlungen mit ausländischen Regierungen nur mit vorheriger Zustimmung der Reichsregierung einleiten. Die endgültige Genehmigung zu Vereinbarungen mit ausländischen Regierungen bleibt der Reichsregierung vorbehalten.

§ 37.

BAUTEN.

(1) Der Bau neuer Reichsbahnstrecken, der Erwerb bestehender Eisenbahnstrecken und die Umwandlung einer von der Gesellschaft betriebenen Nebenbahn in eine Hauptbahn und umgekehrt sind nur mit Zustimmung der Reichsregierung zulässig.

(2) Die Pläne für den Bau neuer und die Veränderung bestehender Reichseisenbahnanlagen, soweit darüber zwischen der Gesellschaft und einer Lan-

§ 35.

HORAIRES.

(1) La Compagnie communiquera au Gouvernement les projets des horaires annuels ou semestriels du service des voyageurs. Elle devra lui communiquer les horaires des trains internationaux avant que ces horaires soient soumis aux délibérations internationales.

(2) La Compagnie tiendra compte dans la mesure qu'elle jugera possible des propositions de modifications.

§ 36.

NEGOCIATIONS AVEC DES GOUVERNEMENTS ÉTRANGERS.

La Compagnie ne pourra engager des négociations avec des Gouvernements étrangers sans l'assentiment préalable du Gouvernement Allemand, qui se réserve le droit de sanctionner les accords à conclure avec ces Gouvernements.

§ 37.

CONSTRUCTIONS.

(1) La construction de nouvelles lignes, l'achat de lignes déjà existantes ainsi que la transformation d'une ligne secondaire concédée à la Compagnie en ligne principale et réciproquement seront soumis à l'autorisation du Gouvernement.

(2) Les plans généraux pour la construction de nouvelles installations et les modifications d'installations existantes des chemins de fer, en tant que

§ 35.

TIMETABLES.

(1) The Company shall submit to the Government the proposed passenger timetables for the coming year or half-year, as the case may be. In the case of international trains, such timetables shall be submitted to the Government before their international discussion.

(2) The Company shall as far as possible comply with the Government's proposals for alterations.

§ 36.

NEGOTIATIONS WITH FOREIGN GOVERNMENTS.

The Company thall not enter into negotiations with foreign Governments without the previous consent of the German Government which reserves the right of approval.

§ 37.

NEW WORKS.

(1) The construction of new lines, the purchase of existing lines and the conversion of a secondary line (Nebenbahn) worked by the Company into a main line (Hauptbahn) and *vice versa*, require the consent of the Government.

(2) Any dispute arising between the Company and the police authorities of a German State in regard to the plans for the construction of new works, and the

despolizeibehörde Meinungsverschiedenheiten bestehen, sowie die Pläne für neue Reichsbahnstrecken sind von der Reichsregierung endgültig festzustellen. In diesen Fällen hat die Gesellschaft die Pläne — soweit nach Artikel 94 Abs. 1 der Reichsverfassung erforderlich, mit dem Gutachten der Landesbehörde — dem für die Aufsicht über die Eisenbahnen zuständigen Reichsminister zur Feststellung vorzulegen.

(3) Die Baupläne werden von der Gesellschaft selbständig festgestellt, soweit nicht ihre Feststellung nach Abs. 2 der Reichsregierung vorbehalten ist.

(4) In allen Fällen gilt die Feststellung der Baupläne, soweit Enteignung erforderlich wird, als eine vorläufige.

(5) Die Gesellschaft hat dafür einzustehen, daß ihre Bauten allen Anforderungen der Sicherheit und Ordnung genügen. Behördliche Abnahmen finden nicht statt.

§ 38.

ENTEIGNUNG.

(1) Die Gesellschaft hat zur Erfüllung ihrer Aufgaben das Enteignungsrecht.

(2) Die Zulässigkeit der Enteignung im Einzelfalle wird auf Antrag der Gesellschaft durch den Reichs-

des divergences d'opinion se seraient produites au sujet des plans entre la Compagnie et la police d'un Etat Allemand, ainsi que le tracé de nouvelles lignes sont à approuver définitivement par le Gouvernement. Dans ce cas la Compagnie soumettra les plans au Ministre du Reich qui sera compétent pour le contrôle des chemins de fer en y joignant l'avis des autorités locales, en tant que l'article 94 al. 1 de la Reichsverfassung l'exige.

(3) La Compagnie établira librement les plans des travaux dont l'approbation n'est pas réservée au Gouvernement conformément à l'al. 2.

(4) Dans tous les cas où les plans des travaux comporteront une expropriation, l'approbation visée dans le présent § sera considérée comme provisoire.

(5) La Compagnie sera garante de l'exécution des constructions conformément à toutes les règles de sûreté et de police. Les travaux ne seront pas réceptionnés officiellement.

§ 38.

EXPROPRIATION.

(1) En vue de l'accomplissement de sa mission, la Compagnie possède le droit d'expropriation.

(2) Le Président du Reich, sur la demande de la Compagnie décidera définitivement, dans chaque

modification of existing works of the Railways of the Reich shall be decided by the Government of the Reich as the final authority. The Government shall have the same authority in settling the limits of deviation of new lines. In such cases the Company shall submit the plans together with the report of the local authorities, in so far as Article 94, Sub-section 1, of the Constitution of the Reich requires, to the Minister of the Reich responsible for the control of the Railways for his countersignature.

(3) The Company shall be free to settle the plans for any works for which the Government authorisation is not required by subsection 2 above.

(4) In all cases in which the plans render necessary the taking of lands by compulsion, the approval referred to in the present Section will be only given provisionally.

(5) The Company in carrying out its works will be responsible for compliance with all police and safety regulations. The works will not be officially passed.

§ 38.

COMPULSORY TAKING OF LANDS.

(1) The Company shall possess the right to take lands compulsorily for the purposes for which it is established.

(2) On the application of the Company, the President of the Reich shall be the sole authority to decide in

präsidenten endgültig festgestellt. Die endgültige Entscheidung über die Zulässigkeit der Inanspruchnahme fremder Grundstücke zur Ausführung von Vorarbeiten trifft der für die Aufsicht über die Eisenbahnen zuständige Reichsminister nach Anhörung der zuständigen Landespolizeibehörde. Die endgültige Entscheidung über die Art der Durchführung und den Umfang der Enteignung trifft, soweit sie nicht in einem Verwaltungsstreitverfahren ergeht, der für die Aufsicht über die Eisenbahnen zuständige Reichsminister nach Anhörung der Landespolizeibehörde. Im übrigen gelten die Enteignungsgesetze der Länder.

(3) Die Enteignung von Teilen des Reichseisenbahnvermögens und von Grundstücken der Gesellschaft ist nur nach vorheriger Genehmigung der Reichsregierung zulässig.

§ 39.

EISENBAHN- UND WEGERECHT.

Wenn an einer Kreuzung der Reichsbahn mit einem öffentlichen Verkehrsweg infolge Vermehrung des Verkehrs oder sonstiger Veränderung der Verhältnisse die Anlagen der Reichsbahn oder des Verkehrswegs oder beider geändert werden müssen, so sind die Kosten von der Gesellschaft allein zu tragen,

cas particulier, de l'admissibilité de l'expropriation. Lorsqu'il s'agira d'occuper des bienfonds en vue de l'exécution de travaux préparatoires, le Ministre du Reich qui sera compétent pour le contrôle des chemins de fer décidera définitivement sur l'admissibilitée de ladite occupation après avoir entendu l'autorité de police locale compétente. La décision définitive concernant le mode d'exécution et l'étendue de l'expropriation sera prise par le Ministre du Reich, qui sera compétent pour le contrôle des chemins de fer après audition de la police locale compétente, en tant que cette décision ne devra pas résulter d'une procédure contentieuse administrative. Pour le surplus, il y aura lieu d'appliquer les lois d'expropriation des Etats Allemands respectifs.

(3) L'expropriation de la propriété du Reich ainsi que de la Compagnie n'est admise qu'avec l'assentiment préalable du Gouvernement.

§ 39.

DROITS RESPECTIFS DES CHEMINS DE FER ET DES AUTRES VOIES PUBLIQUES.

Lorsqu'à un point de croisement des chemins de fer avec une voie publique, l'augmentation de la circulation ou toute autre circonstance nouvelle rendra nécessaire une modification des installations des chemins de fer ou de la voie publique, les frais se-

each case whether the right may be exercised. When the Company desires to enter upon lands for the purpose of preliminary works, the Minister of the Reich responsible for the control of the Railways shall be the sole authority to permit such entry after hearing the police authorities of the State concerned. The final decisions as to method of execution and the extent of the lands to be taken shall be given by the Minister of the Reich responsible for the control of the Railways after hearing the police authority of the State concerned, except in so far as this decision has to be given by an administrative tribunal. In other respects the laws of the respective States as to the compulsory taking of lands shall apply.

(3) The previous consent of the Government of the Reich shall be necessary before the compulsory taking of any portion of the property of the Reich Railways or of the Company's lands.

§ 39.

RESPECTIVE RIGHTS OF ROAD AND RAIL.

When, at any point where a Railway crosses a public road, the growth of traffic or any other change of circumstances renders necessary an alteration either of the Railway, or of the public road, or of both Railway and road, the costs shall be borne wholly by the Company if the alteration is required excluwenn die Veränderung allein durch den Reichsbahnverkehr veranlaßt war, allein vom Wegebaupflichtigen, wenn sie allein durch den Wegeverkehr veranlaßt war. Die Kosten sind zwischen beiden angemessen zu verteilen, wenn die Veränderung sowohl durch den Reichsbahn-. als auch durch den Wegeverkehr veranlaßt war. Bei Streit über die Verteilung der Kosten wird die endgültige Entscheidung, soweit sie nicht in einem Verwaltungsstreitverfahren ergeht, von dem für die Aufsicht über die Eisenbahnen zuständigen Reichsminister getroffen.

ront à la charge exclusive de la Compagnie, si la modification a été provoquée exclusivement par les besoins du service ferroviaire, ils seront à la charge exclusive de celui à qui incombe la construction de la voie publique, si la modification a été provoquée exclusivement par les besoins de la voie publique, et ils seront partagés équitablement entre les deux parties, si la modification a été provoquée à la fois par les besoins du service ferroviaire et par ceux de la voie publique. En cas de désaccord sur la répartition des dépenses, la décision définitive sera donnée par le Ministre du Reich compétent pour le contrôle des chemins de fer en tant que cette décision ne devra pas résulter d'une procédure contentieuse administrative.

sively to meet the needs of the Railway service; they shall be borne wholly by the road authority if the alteration is required exclusively to meet the needs of the road traffic; they shall be divided equitably between the two parties if the alteration is required to meet the needs of both parties. In case of disagreement as to the division of the costs, the question shall be decided without appeal by the Minister of the Reich responsible for the control of the Railways, except in cases where such decision has to be given by an Administrative Tribunal.

§ 40.

AUFSICHT ÜBER PRIVATBAHNEN.

Die Reichsregierung kann einzelnen Stellen der Gesellschaft, namentlich den Reichsbahndirektionen, Geschäfte der Reichsaufsicht über nicht von der Gesellschaft betriebene Eisenbahnen (Artikel 95 der Reichsverfassung) übertragen. Die Aufsicht ist nach den Weisungen der Reichsregierung auf deren Rechnung zu führen. Reichsbahnangestellte, die mit solchen Aufsichtsgeschäften betraut werden, sind für diese Amtsgeschäfte besonders in Pflicht zu nehmen.

§ 40.

CONTROLE DES CHEMINS DE FER PRIVÉS.

Le Gouvernement pourra charger certaines autorités de la Compagnie, notamment les Directions, de l'inspection des chemins de fer dont la Compagnie n'assure pas l'exploitation (Art. 95 de la Reichsverfassung). Cette inspection sera faite suivant les instructions et pour le compte du Gouvernement. Les employés de la Compagnie, qui seront chargés de telles inspections devront être assermentés spécialement pour ces fonctions.

§ 40.

SUPERVISION OF PRIVATE RAILWAYS.

The Government shall be entitled to employ certain authorities of the Company, more particularly the Directorates, to inspect Railways which are not worked by the Company (Article 95 of the Constitution of the Reich). This inspection shall be made in conformity with the instructions and on account of the Government. The officials of the Company entrusted with such inspections shall be specially sworn for the purpose.

§ 41.

ABLAUF DES BETRIEBSRECHTS.

(1) Mit dem Ablauf des Betriebsrechts hat die Gesellschaft der Reichsregierung unentgeltlich die Reichseisenbahnen samt allem Zubehör und den zur ordnungsmäßigen Betriebführung nötigen Betriebsvorräten sowie mit allen Nebenbetrieben lastenfrei in ordnungsmäßigem Zustand zu übergeben und alle Beteiligungen an anderen Unternehmungen auf das Reich zu übertragen. Mit der Übergabe gehen alle aus der laufenden Betriebführung sich ergebenden Rechte und Verbindlichkeiten auf das Reich über.

(2) Nach Ablauf des Betriebsrechts tritt das Reich in alle von der Gesellschaft abgeschlossenen laufenden Verträge an deren Stelle ein.

§ 41.

EXPIRATION DU DROIT D'EXPLOITATION.

(1) Dès le moment de l'expiration de son droit d'exploitation, la Compagnie remettra gratuitement au Gouvernement les chemins de fer avec tous les accessoires, les approvisionnements nécessaires pour une exploitation normale et toutes les entreprises complémentaires, en état normal d'entretien, et elle transférera au Reich toutes les participations à d'autres entreprises. Cette remise impliquera à la fois la reprise par le Reich de tous les droits et obligations résultant de l'exploitation de la Compagnie.

(2) Le Reich, après expiration de la concession, succèdera à la Compagnie dans les contrats courants conclus par elle.

§ 41.

EXPIRATION OF THE CONCESSION.

(1) As from the expiration of its concession the Company shall hand back to the Government in good condition and free of all cost the undertaking and everything attached thereto, together with an adequate supply of stocks and stores and all subsidiary works and undertakings. The Company shall also transfer to the Reich its participation in other undertakings. On such re-transfer, the Reich shall be held to take over all the rights and obligations connected with the Company's operation.

(2) On the expiration of the concession the Reich shall be substituted for the Company in all current contracts which the Company may have made.

§ 42.

LIQUIDATION.

Nach Ablauf des Betriebsrechts hat die Gesellschaft unverzüglich ihre Liquidation durchzuführen. Das Vermögen der Gesellschaft, das nach Berichtigung aller Schulden verbleibt, soweit sie nicht vom Reich übernommen werden, fällt dem Reiche zu.

§ 42.

LIQUIDATION.

Après l'expiration du droit d'exploitation, la Compagnie procédera sans retard à sa liquidation. Ce qui restera de son actif après l'acquittement intégral de toutes les dettes et obligations en tant que le Reich ne les prendra pas à sa charge, sera attribué au Reich.

§ 42.

LIQUIDATION.

After the expiration of the Concession, the Company shall forthwith go into liquidation. Such of its property as remains after meeting all the debts and obligations which the Reich has not taken over shall pass to the Reich.

§ 43.

STAATSVERTRAG.

(1) Die Gesellschaft übernimmt die Rechte und Pflichten des Reichs, die sich aus den Bestimmungen des Staatsvertrags über den

§ 43.

STAATSVERTRAG.

(1) La Compagnie sera substituée au Reich pour les droits et charges résultant des stipulations de "l'Accord pour le transfert

§ 43.

STAATSVERTRAG.

(1) There shall be transferred to and imposed upon the Company the rights and obligations of the Reich arising out of the

Übergang der Staatseisenbahnen auf das Reich, des Schlußprotokolls dazu sowie des Reichsgesetzes vom 30. April 1920 (Reichsgesetzbl. S. 773) ergeben, jedoch mit Ausnahme der Bestimmungen der §§ 3 bis 7, 17, 20, 25, 33, 37 und 43 des Staatsvertrags und des Schlußprotokolls zu § 22 Ziffer 2 und 3, zu § 24 Ziffer 2 und 3 letzter Satz, zu § 36 Ziffer 2 und zu § 37.

(2) Streitigkeiten über die Auslegung oder Anwendung des Abs. 1 und der danach für die Gesellschaft geltenden Bestimmungen sind, wenn die Gesellschaft an dem Streit beteiligt ist, ausschließlich vor den in den §§ 44 und 45 genannten Stellen auszutragen. Die Länder führen den Streit nur durch Vermittlung des Reichs.

§ 44.

BESONDERES GERICHT.

(1) Streitfälle zwischen der Reichsregierung und der Gesellschaft über die Auslegung der Bestimmungen dieses Gesetzes und der Gesellschaftssatzung, über Maßnahmen auf Grund des Gesetzes oder der Satzung oder über sonstige ähnliche Fragen sind der Entscheidung eines besonderen Gerichts zu unterbreiten.

(2) Das Gericht wird beim Reichsgericht gebil-

des Chemins de fer des Etats au Reich" (Staatsvertrag über den Uebergang der Staatseisenbahnen auf das Reich), du Protocole qui y est joint, et de la loi du 30 avril 1920 (Reichsgesetzblatt p. 773), à l'exception des dispositions des §§ 3—7, 17, 20, 25, 33, 37 et 43 du Staatsvertrag et des §§ 22 No. 2 et 3, 24 No. 2 et 3 dernière phrase, 36 No. 2 ainsi qui du § 37 du Protocole.

(2) Toutes actions dirigées par ou contre la Compagnie concernant l'interprétation et l'application du précédent alinéa, seront de la compétence exclusive des juridictions arbitrales prévues aux §§ 44 et 45. Les Etats n'interviendront à ces actions que par l'intermédiaire du Reich.

§ 44.

TRIBUNAL SPECIAL.

(1) En cas de différend entre le Gouvernement et la Compagnie en ce qui concerne l'interprétation des dispositions de la présente loi et des Statuts de la Compagnie, ou en ce qui concerne les mesures à prendre en vertu de cette loi et des Statuts ou au sujet de toute autre question du même ordre, le différend devra être soumis à un Tribunal d'Arbitrage.

(2) Le dit Tribunal aura son siège auprès du Reichs-

provisions of the "Agreement for the Transfer of the Railways of the States to the Reich" (Staatsvertrag über den Uebergang der Staatseisenbahnen auf das Reich), of the Protocol thereto, and of the Law of April 30th, 1920 (Reichsgesetzblatt 1920 p. 773), with the exception of the provisions following, Sections 3 to 7, 17, 20, 25, 33, 37 and 43 of the Agreement, Nos. 2 and 3 of the Protocol to Section 22, No. 2 and the last sentence of No. 3 of the Protocol to Section 24, No. 2 of Section 36, and the Protocol to Section 37.

(2) Differences as to the interpretation or application of the provisions of the said Agreement, so far as they are applicable to the Company, shall be determined exclusively in accordance with the provisions of Sections 44 and 45 of this law. In any such proceedings the States shall be represented by the Reich.

§ 44.

SPECIAL TRIBUNAL.

(1) In case of difference between the Government and the Company in respect of the interpretation of the provisions of this Law and of the Company's Concession (Gesellschaftssatzung) or in respect of the steps to be taken under this Law and the Concession or in respect of any question of the same nature such difference shall be submitted to the Special Tribunal.

(2) The Tribunal shall have its principal office at

det. Es besteht aus einem Vorsitzenden und zwei Beisitzern. Der Vorsitzende und gleichzeitig ein Stellvertreter für den Fall der Behinderung des Vorsitzenden werden vom Reichsgerichtspräsidenten für fünf Jahre bestellt. Beide müssen deutsche Richter von besonderer Erfahrung sein. Ihre Wiederbestellung ist zulässig. Die Beisitzer werden jeweils für jeden Streitfall vom Reichsgerichtspräsidenten bestellt, und zwar der eine Beisitzer auf Vorschlag der Reichsregierung, der zweite Beisitzer auf Vorschlag der Gesellschaft. Im übrigen gelten für das Gericht die Vorschriften der §§ 19 Satz 2 und 3, 20 bis 22, 24 bis 26, 28 Abs. 1, 29 Abs. 1 und Abs. 2 Satz 1 und § 30 des Gesetzes über den Staatsgerichtshof (Reichsgesetzbl. 1921 S. 905) sinngemäß. Die näheren Bestimmungen über das Verfahren werden durch eine Geschäftsordnung geregelt, die vom Reichsgerichtspräsidenten erlassen und im Reichsgesetzblatt veröffentlicht wird.

(3) Glaubt die Reichsregierung oder die Gesellschaft, daß bei Durchführung der Entscheidung des Gerichts der Zinsen- und Tilgungsdienst der Reparationsschuldverschreibungen gefährdet wird, so kann jeder der beiden Teile binnen einer Frist von einem Monat seit Verkündung der Entscheidung den Schiedsrichter (§ 45) anrufen.

gericht; il sera composé d'un Président et de deux autres Membres. Le Président du Reichsgericht désignera pour une période de cinq ans le Président du dit Tribunal ainsi que le suppléant qui le remplacera en cas d'empêchement. Tous deux seront des juges allemands expérimentés et seront rééligibles. Les deux autres Membres seront désignés pour chaque cas par le Président du Reichsgericht, l'un devant être nommé conformément à la proposition du Gouvernement, l'autre conformément à la proposition de la Compagnie. Pour le reste s'appliqueront à ce Tribunal, mutatis mutandis, les dispositions des §§ 19 phrases 2 et 3, 20—22, 24—26, 28 al. 1, 29 al. 1 et al. 2 phrase 1 et § 30 de la loi relative au Staatsgerichtshof (Reichsgesetzblatt 1921 p. 905). Les détails au sujet de la procédure seront fixés par un règlement, qui sera édicté par le Président du Reichsgericht et qui sera publié dans le Reichsgesetzblatt.

(3) Si le Gouvernement ou la Compagnie estime que la mise à exécution de la décision du Tribunal compromettra le service des intérêts et de l'amortissement des obligations des Réparations, chacune des deux parties pourra dans le délai d'un mois à partir de la décision recourir à l'Arbitrage prévu au § 45.

the Reichsgericht. The Tribunal shall be composed of a President and two other members. The President of the Reichsgericht shall appoint for a period of five years the President of the Tribunal and also a deputy, to act if the President is unable to serve. The President and his deputy shall be experienced judges of German nationality and shall be re-eligible. The other two members of the Tribunal shall be appointed for each difference by the President of the Reichsgericht, the one on the nomination of the Government and the other on the nomination of the Company. Subject to the above provisions, the provisions of Sections 19 (sentences 2 and 3), 20 to 22, 24 to 26, 28 (sub-section 1), 29 (subsection 1 and subsection 2, sentence 1), and 30 of the Act, concerning the Staatsgerichtshof (Reichsgesetzblatt, 1921, p. 905) shall apply with the necessary alterations to the Tribunal. The practice and procedure of the Tribunal shall be laid down in Rules made by the President of the Reichsgericht and published in the Reichsgesetzblatt.

(3) If either the Government or the Company consider the decision of the Tribunal liable to imperil the due payment of interest and sinking fund of the Reparation Bonds, either party may within a month after the decision is rendered appeal to the Arbitrator provided for in Section 45.

(4) Die Reichsregierung und die Gesellschaft können ferner den Schiedsrichter (§ 45) anrufen, wenn binnen eines Jahres, bei Tariffragen binnen drei Monaten seit Eingang des ersten Antrags beim Gericht dessen Entscheidung nicht verkündet ist, und wenn sich daraus eine Gefährdung des Dienstes der Reparationsschuldverschreibungen ergibt. Nach Anrufung des Schiedsrichters ist das Verfahren vor dem Gericht einzustellen.

§ 45.
SCHIEDSRICHTER.

(1) Streitfälle zwischen der Reparationskommission oder einer in ihr vertretenen Regierung oder dem Treuhänder oder dem zur Wahrung der Rechte der Schuldverschreibungsgläubiger bestellten Eisenbahnkommissar einerseits und der Reichsregierung und der Gesellschaft oder einer dieser beiden anderseits oder zwischen der Reichsregierung und der Gesellschaft, in diesem Falle jedoch nur unter den im § 44 bestimmten Voraussetzungen, über die Auslegung der Bestimmungen dieses Gesetzes und der Gesellschaftssatzung, über Maßnahmen auf Grund des Gesetzes oder der Satzung oder über sonstige ähnliche Fragen sind bis zur vollständigen Tilgung der Reparationsschuldverschreibungen durch einen Schiedsrichter zu entscheiden.

(4) Le Gouvernement ou la Compagnie pourra également recourir à l'Arbitrage prévu au § 45, si dans un délai de trois mois en matière de tarifs et d'un an pour toute autre question à compter de la présentation de la requête, le Tribunal n'a pas prononcé sa décision et s'il en résulte un danger pour le service des obligations des Réparations. La procédure devant le Tribunal sera alors arrêtée.

§ 45.
ARBITRE.

(1) Les différends qui surgiraient entre la Commission des Réparations ou l'un des Gouvernements représentés dans cette Commission ou le Trustee ou le Commissaire chargé de la sauvegarde des intérêts des porteurs des obligations des Réparations d'une part, et le Gouvernement Allemand et la Compagnie ou l'un des deux d'autre part ou entre le Gouvernement Allemand et la Compagnie, mais dans ce dernier cas seulement aux conditions fixées par le § 44 de la présente loi, soit au sujet de l'interprétation d'une disposition quelconque de la présente loi ou des Statuts de la Compagnie soit au sujet d'une mesure à prendre en exécution de cette loi et des Statuts ou au sujet de toute autre question du même ordre seront jusqu'au remboursement total des obligations des Réparations soumis à un Arbitre.

(4) The Government or the Company may also appeal to the said Arbitrator (section 45), if, within a period of three months in tariff matters or of one year in any other case, reckoning from the date of submission of the difference to the Tribunal, the Tribunal has not given its decision, and if the due payment of interest and sinking fund of the Reparation Bonds is thereby imperilled. Such appeal shall have effect to vacate the proceedings before the Tribunal.

§ 45.
ARBITRATOR.

(1) If any difference should arise between the Reparation Commission or one of the Governments represented on the said Commission, or the Trustee, or the Commissioner charged with the protection of the interests of the holders of the Reparation Bonds, on the one hand, and the Government of the Reich and the Company, or either of them, on the other hand, or between the Government and the Company, but subject in this latter case to the provisions of Section 44 of this Law, whether such difference be in reference to the interpretation of any provision of this law or of the Company's Concession (Gesellschaftssatzung), or in reference to steps to be taken to carry out this Law or the Concession, or any question of the same nature, such difference shall, until such time as the whole of

(2) Der Schiedsrichter ist von dem jeweiligen Präsidenten des Ständigen Internationalen Gerichtshofs zu ernennen und soll, falls eine der beteiligten Parteien es wünscht, neutrale Staatsangehörigkeit besitzen. Seine Entscheidung ist endgültig und unanfechtbar.

(2) Cet Arbitre sera désigné par le Président en exercice de la Cour Permanente de justice internationale et devra être de nationalité neutre, si une quelconque des parties intéressées le désire. La décision prise par l'Arbitre sera définitive et sans appel.

the Reparation Bonds have been paid off, be submitted for the decision of an Arbitrator.

(2) The said Arbitrator shall be appointed by the President for the time being of the Permanent Court of International Justice and shall, if either party to the difference so require, be of neutral nationality. The decision of the Arbitrator shall be final and without appeal.

§ 46.
GOLDMARK.

Alle Zahlungen, die an den Agenten für Reparationszahlungen auf Grund dieses Gesetzes und der Gesellschaftssatzung zu leisten sind, sind in Goldmark oder deren Gegenwert in deutscher Währung zu leisten. Als Goldmark im Sinne dieser Bestimmung gilt der Preis von 1/2790 Kilogramm Feingold. Dieser Preis ist auf Grund der Londoner Goldpreise am dritten Börsentage vor der Fälligkeit der einzelnen Leistungen festzustellen. Der Umrechnung in die deutsche Währung ist der Mittelkurs der letzten amtlichen Berliner Notierung für Auszahlung London am dritten Börsentage vor der Fälligkeit der einzelnen Leistungen zugrunde zu legen. Bei früheren Zahlungen tritt für die Berechnung der Goldmark an Stelle des Fälligkeitstages der Tag der Zahlung.

§ 46.
MARK-OR.

Tous les paiements, qui seront à faire à l'"Agent des paiements des Réparations", en vertu de cette loi et des Statuts de la Compagnie, seront effectués en marks-or ou leur équivalent en monnaie allemande. Le mark-or sera considéré comme équivalent à 1/2790 kilogramme d'or fin coté à Londres le troisième jour de bourse avant l'échéance des paiements. Pour le change on devra appliquer le cours moyen de la dernière cote officielle de Berlin pour paiement Londres le troisième jour de bourse avant l'échéance des paiements. En cas de paiements précédant l'échéance, le jour de paiement sera substitué au jour de l'échéance pour l'appréciation du mark-or.

§ 46.
GOLD MARK.

All payments to be made to the Agent for Reparation Payments according to this Law and the Concession (Gesellschaftssatzung) are to be made in gold marks or their equivalent in German currency. A gold mark shall be considered as equal to the London price of 1/2790 kilogramme of fine gold three clear days before the day on which the payments have to be made. For purposes of exchange there shall be taken the average rate (Mittelkurs) of the last official quotation in Berlin of a telegraphic transfer on London. In case of payments before the due date the value of the gold mark shall be calculated as on the actual day of payment instead of on the day on which the payments have to be made.

§ 47.
ÜBERGANGS-BESTIMMUNGEN.

(1) Dieses Gesetz tritt mit dem auf seine Verkün-

§ 47.
DISPOSITIONS TRANSITOIRES.

(1) La présente loi entrera en vigueur le jour qui

§ 47.
TEMPORARY PROVISIONS.

(1) This Law shall come into force on the day fol-

dung folgenden Tage in Kraft.

(2) Der Übergang des Betriebsrechts auf die Gesellschaft vollzieht sich nach folgenden Vorschriften:

(3) Sobald die Reichsregierung und der Treuhänder die von ihnen auf Grund dieses Gesetzes zu ernennenden Mitglieder des Verwaltungsrats ernannt haben, teilen sie dies dem „Organisationskomitee der Deutschen Reichsbahn-Gesellschaft" mit, das die erste Sitzung des Verwaltungsrats einberuft.

(4) Der Verwaltungsrat wählt sodann seinen Präsidenten und einen oder mehrere Vizepräsidenten und ernennt den Generaldirektor der Gesellschaft, dessen Ernennung der Bestätigung durch den Reichspräsidenten zu unterbreiten ist.

(5) Dem Generaldirektor obliegt es, unter Vorbehalt der Zustimmung des Verwaltungsrats im Einvernehmen mit dem Reichsverkehrsminister alle nötigen Vorbereitungen für den Übergang des Betriebsrechts zu treffen.

(6) Der Reichsverkehrsminister und der Generaldirektor werden eine überschlägliche Feststellung des Wertes der Betriebsvorräte aller Art, der Kassenbestände und der Bankguthaben des Unternehmens „Deutsche Reichsbahn" vornehmen, soweit sie auf die Gesellschaft übergehen. Die Betriebsvorräte müssen insgesamt annähernd dem Stand entsprechen, wie er

suit le jour de sa publication.

(2) Le transfert de la concession à la Compagnie aura lieu conformément aux dispositions suivantes:

(3) Aussitôt que le Gouvernement et le Trustee auront nommé les Membres du Conseil d'Administration qui d'après la présente loi doivent être désignés par chacun d'eux respectivement, ils en informeront le "Comité d'Organisation de la Compagnie des chemins de fer Allemands" qui convoquera la première réunion du Conseil.

(4) Le Conseil élira alors son Président et un ou plusieurs Vice-Présidents et il nommera le Directeur Général de la Compagnie, dont la nomination sera soumise à la confirmation du Président du Reich.

(5) Il appartiendra au Directeur Général, sous réserve de l'approbation du Conseil, de préparer en accord avec le Ministre des Transports du Reich tous les arrangements nécessaires pour le transfert de la concession.

(6) Le Ministre des Transports et le Directeur Général vérifieront sommairement la situation des approvisionnements de toute nature, des espèces en caisse et des avoirs en banque de l'entreprise "Deutsche Reichsbahn" qui seront transférés à la Compagnie. Les approvisionnements devront au total être d'une importance approximativement équivalente aux

lowing the day of its publication.

(2) The transfer of the Concession to the Company shall be carried out in the following manner:

(3) So soon as the Government and the Trustee shall have nominated the members of the Board of Management, who, in accordance with this Law are required to be nominated by each of them respectively, they shall so inform the "Organisation Committee of the German Railway Company", and the Committee shall thereupon summon the first meeting of the Board.

(4) The Board shall thereupon elect its President and one or more Vice-Presidents, and nominate the Director-General of the Company whose nomination shall be submitted for confirmation to the President of the Reich.

(5) It will be the duty of the Director-General, subject to the approval of the Board, to work out in conjunction with the Transport Minister, all preliminaries necessary for the transfer of the concession.

(6) It shall be the duty of the Director General to examine in conjunction with the Transport Minister the main features of the situation of the undertaking to be transferred to the Company, that is to say, the stocks and stores of every kind, the cash in hand and the bank balances. The stocks ond stores shall be broadly equivalent in total value to those entered in

in der vom Reichsverkehrsminister dem Organisationskomitee am 8. Juli 1924 übersandten Übersicht geschätzt ist. Bei der Schätzung des Wertes der Bestände ist nach den gleichen Grundsätzen zu verfahren wie bei der Schätzung vom 8. Juli 1924. Die Übersicht vom 8. Juli 1924 enthält auch eine Schätzung aller wichtigeren Verbindlichkeiten des Unternehmens „Deutsche Reichsbahn", die von der Gesellschaft zu übernehmen sein werden.

(7) Der Reichsverkehrsminister und der Generaldirektor können sich im Fall einer Meinungsverschiedenheit an das Organisationskomitee wenden, das endgültig entscheidet.

(8) Wenn alle Vorbereitungen für den Übergang des Betriebsrechts ordnungsmäßig getroffen sind, teilen der Reichsverkehrsminister und der Generaldirektor dies gemeinschaftlich dem Organisationskomitee mit. Das Komitee zeigt darauf der Reichsregierung an, daß die Gesellschaft bereit ist, den Betrieb zu übernehmen. Der Übergang des Betriebsrechts wird damit rechtswirksam. Der Tag des Übergangs ist im Reichsgesetzblatt bekanntzumachen. Mit dem gleichen Tage tritt die Verordnung über die Schaffung eines Unternehmens „Deutsche Reichsbahn" vom 12. Februar 1924 (Reichsgesetzblatt I, S. 57) außer Kraft.

approvisionnements figurant sur l'état estimatif adressé par le Ministre des Transports au Comité d'Organisation le 8 juillet 1924. Pour la vérification de la situation des approvisionnements on appliquera les mêmes bases d'évaluation qui ont servi à établir l'estimation du 8 juillet 1924. L'état estimatif du 8 juillet 1924 constate également toutes les dettes importantes de l'entreprise „Deutsche Reichsbahn" qui seront prises en charge par la Compagnie.

(7) Le Ministre des Transports ou le Directeur Général pourra, s'il le juge utile, référer toute question sur laquelle un désaccord se produirait, au Comité d'Organisation, dont la décision sera définitive.

(8) Quand tous les arrangements pour le transfert de la concession auront été effectués régulièrement, le Ministre des Transports et le Directeur Général adresseront un rapport commun à ce sujet au Comité d'Organisation qui informera par écrit le Gouvernement que la Compagnie est prête à concession l'exploitation. Le transfert de la concession deviendra alors effectif. La date du transfert sera publiée dans le Reichsgesetzblatt. A cette date, l'Ordonnance du 12 février 1924 relative à la création de l'entreprise „Deutsche Reichsbahn" (Reichsgesetzblatt I p. 57) cessera d'être en vigueur.

the statement submitted to the Organisation Committee by the Transport Minister under date of July 8th, 1924, such stocks and stores being valued on the same basis as was employed in making the inventory of July 8th. The statement of July 8th, 1924, also enumerates all liabilities of serious importance of the undertaking "Deutsche Reichsbahn" existing at that date, the responsibility for which will be assumed by the Company.

(7) In case of any difference, either the Transport Minister or the Director-General may submit the difference to the Organisation Committee whose decision shall be final.

(8) When all the preparations for the transfer of the Concession have been made, the Transport Minister and the Director-General shall report jointly in writing to that effect to the Organisation Committee, who shall thereupon report in writing to the Government that the Company is prepared to take over the Concession. The transfer of the Concession shall thereupon become legally effective. The date of the transfer shall be published in the Reichsgesetzblatt, and thereafter the Statutory Decree of February 12th, 1924 (Reichsgesetzblatt I, p. 57), creating the Deutsche Reichsbahn Undertaking shall cease to have effect.

Satzung der Deutschen Reichsbahn-Gesellschaft (Gesellschaftssatzung).

§ 1.

FIRMA.

(1) Die Gesellschaft führt die Firma:
„Deutsche Reichsbahn-Gesellschaft“.

(2) Für ihre Rechtsverhältnisse sind das Reichsgesetz über die Deutsche Reichsbahn - Gesellschaft vom 30. August 1924 und diese Gesellschaftssatzung, die einen Bestandteil des Gesetzes bildet, maßgebend. Der Sitz der Gesellschaft ist Berlin.

(3) Das Geschäftsjahr der Gesellschaft ist das Kalenderjahr; das erste Geschäftsjahr beginnt mit dem Tage, an dem nach § 47 Abs. 8 des Gesetzes die Gesellschaft ihre Tätigkeit aufnimmt; es endigt am 31. Dezember 1925.

§ 2.

GEGENSTAND DES UNTERNEHMENS.

Gegenstand des Unternehmens ist der Betrieb der Reichseisenbahnen einschließlich der künftigen Erweiterungen sowie die Ausführung aller damit zusammenhängenden oder dadurch veranlaßten Geschäfte, wie es im Gesetze näher erläutert ist.

§ 3.

GRUNDKAPITAL.

Das Grundkapital der Gesellschaft beträgt fünfzehn

§ 1.

RAISON SOCIALE.

(1) La Compagnie sera dénommée:
„Deutsche Reichsbahn-Gesellschaft”.

(2) Sa situation juridique est régie par la loi du 30 août 1924 concernant la Deutsche Reichsbahn-Gesellschaft et par les présents Statuts, qui font partie intégrante de ladite loi. Le siège de la Compagnie est à Berlin.

(3) L'exercise de la Compagnie commencera le 1er janvier et se terminera le 31 décembre de chaque année. Toutefois le premier exercice commencera le jour où d'après § 47 al. 8 de la loi la Compagnie entrera en fonctions, et il se terminera le 31 décembre 1925.

§ 2.

OBJET DE L'ENTREPRISE.

L'objet de l'entreprise est l'exploitation des chemins de fer du Reich, y compris les extensions futures, ainsi que l'exécution de toutes les opérations qui s'y rattachent ou qui en découlent, comme il est défini par la loi.

§ 3.

FONDS SOCIAL.

Le fonds social de la Compagnie se monte à

§ 1.

NAME OF THE COMPANY

(1) The name of the Company shall be the Deutsche Reichsbahn - Gesellschaft (German Reichs Railway Company).

(2) Its legal status is fixed by the Deutsche Reichsbahn Gesellschaft Law of August 30th 1924 and by this Concession which forms part of the Law. The Head Offices of the Company shall be in Berlin.

(3) The Company's financial year shall begin on January 1st and shall end on December 31st of each year, provided that the first financial year shall begin on the day on which according to Section 47, subsection 8, of the Law, the Company commences operations, and shall end on December 31st, 1925.

§ 2.

OBJECTS OF THE UNDERTAKING.

The undertaking is incorporated for the purpose of operating the Railways of the Reich, including future extensions, and of engaging in all the operations attaching thereto or involved therein as set forth in the Law.

§ 3.

SHARES.

The Company's original capital shall consist of

Milliarden Goldmark, und zwar zwei Milliarden Goldmark Vorzugsaktien und dreizehn Milliarden Goldmark Stammaktien.

quinze (15) milliards de marks-or, dont deux (2) milliards de marks-or en actions de préférence et treize (13) milliards de marks-or en actions ordinaires.

fifteen (15) millard marks gold divided into two (2) milliards of preference shares and thirteen (13) milliards of ordinary shares.

§ 4.

VORZUGSAKTIEN.

(1) Die Vorzugsaktien lauten auf den Inhaber und sind frei übertragbar. Sie gewähren den Anspruch auf Kapitalrückzahlung spätestens bei Ablauf des Betriebsrechts sowie auf eine Vorzugsdividende. Ist in einem Jahre die Vorzugsdividende nicht voll gezahlt worden, so ist sie aus den Gewinnen der folgenden Jahre nachzuzahlen. Im Falle einer Gewinnverteilung auf die Stammaktien ist nach näherer Bestimmung des § 25 auf die Vorzugsaktien eine Zusatzdividende auszuschütten.

(2) Die Vorzugsaktien werden in verschiedenen Serien ausgegeben, die mit verschiedenen Rechten ausgestattet sein können. Die Gesellschaft stellt die Ausgabebedingungen und den Ausgabekurs für jede Serie nach freiem Ermessen fest, sofern nicht die Vorzugsdividende höher als sieben vom Hundert ist und sofern der Ausgabekurs mindestens den Nennwert erreicht. Die Gesellschaft muß sich dagegen mit der Reichsregierung vor der Ausgabe von Vorzugsaktien ins Einvernehmen setzen, wenn es sich etwa zur Sicherstellung der

§ 4.

ACTIONS DE PRÉFÉRENCE.

(1) Les actions de préférence sont libellées au porteur et sont librement cessibles. Elles donnent droit au remboursement du capital avant l'expiration du droit d'exploitation ainsi qu'à un dividende de préférence. Si, dans une année, le dividende de préférence n'a pas été versé intégralement, il doit être payé ultérieurement sur les bénéfices des années suivantes. En cas de paiement de dividendes sur les actions ordinaires, un dividende additionnel devra être payé sur les actions de préférence conformément aux prescriptions du § 25.

(2) Les actions de préférence seront émises en différentes séries, qui pourront être munies de droits différents. La Compagnie fixera librement les conditions et le prix d'émission de chaque série pourvu que le dividende de préférence ne dépasse pas le taux maximum de sept (7) % et que le prix d'émission soit au moins égal à la valeur nominale. S'il était reconnu nécessaire à l'avenir pour assurer l'émission des actions de consentir à des conditions plus onéreuses pour la Compagnie, celle-ci devrait se mettre d'accord

§ 4.

PREFERENCE SHARES.

(1) The preference shares shall be issued as payable to bearer and be transferable by delivery. They will carry with them a right to the repayment of capital before the termination of the concession and the right to a preferential dividend. Should the preferential dividend not be fully paid in any year it shall be paid out of the profits of subsequent years. If a dividend is paid on the ordinary shares an additional dividend shall be paid on the preference shares in accordance with the provisions of Clause 25 below.

(2) The preference shares may be issued in different series and with different rights. The Company shall be free to fix the conditions of issue of each series, provided that the rate of dividend is not higher than seven per cent. (7%) and that the price of issue is not less than par. If it appears hereafter that preference shares cannot be issued except on terms less favourable for the Company, the Company must come to an agreement with the Government before making the issue.

Ausgabe der Aktien als nötig herausstellen sollte, solchen Ausgabebedingungen zuzustimmen, die für die Gesellschaft ungünstiger wären.

(3) Die Vorzugsaktien jeder Serie können vom Beginn des 16. Jahres nach ihrer Ausgabe ab ganz oder zum Teil eingezogen werden. Sollten jedoch alle Reparationsschuldverschreibungen in einer kürzeren Frist getilgt oder zurückgekauft sein, so kann die Gesellschaft auch sogleich die Vorzugsaktien einziehen.

(4) Insoweit Vorzugsaktien von einzelnen Inhabern aus Gründen, die die Gesellschaft nicht zu vertreten hat, nicht eingezogen werden können, sind die erforderlichen Geldbeträge zu hinterlegen. Diese Hinterlegung hat die gleiche befreiende Wirkung für die Gesellschaft wie die Einziehung selbst.

(5) Bei Ablauf des Betriebsrechts müssen alle Vorzugsaktien eingezogen sein.

(6) Der Einlösungskurs der Vorzugsaktien zuzüglich der laufenden und der rückständigen Dividenden bestimmt sich wie folgt: Bei Einziehung vor Ablauf des 25. Jahres nach dem Übergang des Betriebsrechts an die Gesellschaft beträgt der Einlösungskurs 20 vom Hundert über den Nennwert, bei Einziehung vom 26. bis 35. Jahre einschließlich beträgt er 10 vom Hundert über den Nennwert. Nach dem 35.

au préalable avec le Gouvernement.

(3) Les actions de préférence de chaque série pourront être remboursées en tout ou en partie à partir du début de la 16 ème année après leur émission. Toutefois, si toutes les obligations des Réparations étaient remboursées dans un délai plus court, la Compagnie aurait la liberté de rembourser les actions de préférence sans plus attendre.

(4) En tant que le remboursement à certains porteurs se trouverait impossible pour des raisons dont la Compagnie n'est pas responsable les fonds nécessaires devraient être mis en dépôt; cette mise en dépôt aurait le même effet libératoire pour la Compagnie que le remboursement.

(5) Le remboursement total des actions de préférence doit être terminé à l'expiration du droit d'exploitation.

(6) Les actions de préférence seront remboursées aux taux fixés ci-après, en y ajoutant les dividendes courants et arriérés: Dans le cas de remboursement avant l'expiration de la 25ème année après la concession, le cours du remboursement sera de 20 % au dessus du pair et dans le cas de remboursement depuis la 26 ème jusqu'à la 35 ème année incluse, il sera de 10 % au dessus du pair. Après la 35 ème

(3) Any series of preference shares may be redeemed in whole or in part after the commencement of the sixteenth year from the date of its issue. Notwithstanding, if all the Reparation Bonds have been redeemed or paid off within a shorter period the Company shall be at liberty forthwith to redeem any outstanding preference shares.

(4) Should it be impossible, for reasons outside the control of the Company to make payment to the bearers of certain shares, the necessary funds shall be paid into Court; this payment into Court shall operate in discharge of the Company as if the shares had been paid off.

(5) The preference shares must all be paid off at the end of the Concession.

(6) The preference shares shall be redeemed at the rates fixed below with the addition of current dividends and arrears, if any; in the case of redemption before the termination of the twenty-fifth year from the commencement of the Concession, the redemption price shall be 20 per cent above the par value of the shares; in case of redemption between the twenty-sixth and thirty-fifth year the redemption price shall

Jahre erfolgt die Einziehung zum Nennwert.

(7) Die Reichsregierung kann verlangen, daß die Gesellschaft von ihrem Recht der Einziehung unter Beachtung der vorstehenden Bestimmungen Gebrauch macht, wenn das Reich ihr die erforderlichen Mittel zur Verfügung stellt.

§ 5.

VERTEILUNG DES ERLÖSES AUS DEN VORZUGSAKTIEN.

(1) Von dem Gesamterlös aus der Ausgabe der Vorzugsaktien fließen ein Viertel dem Reich, drei Viertel der Gesellschaft zu. Der Erlös aus einzelnen Ausgaben darf jedoch im Einvernehmen zwischen der Reichsregierung und der Gesellschaft anders verteilt werden, falls sich dadurch das Gesamtergebnis der Verteilung nicht ändert.

(2) Während der ersten zwei Jahre nach dem Übergang des Betriebsrechts soll die Gesellschaft Vorzugsaktien im Nennwert von fünfhundert Millionen Goldmark verwerten. Die Reichsregierung kann verlangen, daß der Erlös aus dieser Ausgabe dem Reiche ganz zufließt.

§ 6.

STAMMAKTIEN.

(1) Die Stammaktien werden auf den Namen des Deutschen Reichs oder auf

année, le remboursement se fera au pair.

(7) Sous réserve des dispositions ci-dessus, le Gouvernement pourra réclamer que la Compagnie use de son droit de rembourser les actions, pourvu que le Reich mette à la disposition de la Compagnie les fonds nécessaires.

§ 5.

REPARATION DU PRODUIT DES EMISSIONS DES ACTIONS DE PRÉFÉRENCE.

(1) Du produit total des émissions des actions de préférence un quart (¼) sera attribué au Reich et trois quarts (¾) à la Compagnie. Toutefois, le produit des émissions partielles pourra être réparti différemment d'accord entre le Gouvernement et la Compagnie pourvu qu'au total la répartition soit celle indiquée ci-dessus.

(2) Pendant les deux premières années après le commencement de la concession, la Compagnie devra réaliser des actions de préférence ayant une valeur nominale de cinq cents (500) millions de marks-or. Le Gouvernement pourra réclamer que le produit de cette émission lui soit attribué en totalité.

§ 6.

ACTIONS ORDINAIRES.

(1) Les actions ordinaires seront libellées au nom du Reich ou, sur la demande

be 10 per cent above the par value. After the thirty-fifth year the redemption shall be at par.

(7) Subject to the above provisions, the Government may call upon the Company to exercise its right to redeem the shares provided that the Reich places the necessary funds at the disposal of the Company

§ 5.

DIVISION OF PROCEEDS FROM THE SALE OF PREFERENCE SHARES.

(1) One-fourth (¼) of the total proceeds of the issue of preference shares shall be the property of the Reich and three-fourths (¾) the property of the Company. Nothwithstanding, the proceeds from individual issues may by agreement between the Government and the Company be divided differently, provided that the total shall be divided as set forth above.

(2) During the first two years after the commencement of the concession the Company shall sell preference shares to the nominal value of five hundred (500) million marks gold. The Government may claim that the whole of the proceeds of this sale shall be assigned to it.

§ 6.

ORDINARY SHARES.

(1) The ordinary shares shall be registered in the name of the Reich, or if

Verlangen der Reichsregierung auf den Namen eines deutschen Landes ausgestellt.

(2) Die Stammaktien gewähren das Recht auf eine Dividende nach Maßgabe der Bestimmungen des § 25.

du Gouvernement, au nom d'un Etat Allemand.

(2) Les actions ordinaires donneront droit à un dividende dans les conditions fixées dans le § 25.

the Government of the Reich so requests, in the name of a German State.

(2) The ordinary shares shall entitle the holders to the payment of the dividend under the conditions set forth in Clause 25.

§ 7.

FORM UND INHALT DER AKTIEN.

Die Form und den Inhalt der Aktien, Zwischenscheine und Gewinnanteilscheine sowie deren Stückelung bestimmt der Verwaltungsrat.

§ 7.

FORME ET TEXTE DES ACTIONS.

Le Conseil d'Administration décide de la forme et du texte des actions, certificats provisoires et coupons, ainsi que de leur valeur nominale.

§ 7.

ORDINARY SHARES, CERTIFICATES.

The Board of Management (Verwaltungsrat) shall settle the form and wording of the share certificates, provisional certificates and coupons and the nominal value of the shares.

§ 8.

REPARATIONSSCHULDVERSCHREIBUNGEN.

(1) Die Gesellschaft gibt sofort nach ihrer Errichtung unentgeltlich an den von der Reparationskommission ernannten Treuhänder Schuldverschreibungen (Reparationsschuldverschreibungen) im Nennwerte von elf Milliarden Goldmark aus, die durch eine erststellige Hypothek gesichert sind. Diese Schuldverschreibungen sind mit fünf vom Hundert jährlich zu verzinsen und vom vierten Jahre nach dem Übergang des Betriebsrechts an mit jährlich eins vom Hundert zuzüglich der durch die Tilgung ersparten Zinsen zu tilgen.

(2) Jedoch werden für die drei ersten Jahre nach dem Übergang des Betriebsrechts die Jahresleistungen der Gesellschaft für den

§ 8.

OBLIGATIONS DES RÉPARATIONS.

(1) Il sera créé par la Compagnie, dès sa constitution et remis par elle, à titre gratuit au Trustee désigné par la Commission des Réparations, des obligations hypothécaires et de premier rang (obligations des Réparations) à concurrence d'un capital nominal de onze (11) milliards de marks-or. Ces obligations porteront intérêt de cinq (5) % par an et seront amorties à partir de la quatrième année après le commencement de la concession au taux de un (1) % en y ajoutant les intérêts économisés par l'amortissement.

(2) Toutefois, pour les trois premières années après le commencement de la concession, les paiements annuels de la Compagnie

§ 8.

REPARATION BONDS.

(1) The Company shall, forthwith after its incorporation, issue without payment to the Trustee appointed by the Reparation Commission first mortgage bonds (Reparation Bonds) to a nominal amount of eleven (11) milliard marks gold. These bonds shall bear interest at the rate of five per cent. (5%) per annum. After the fourth year from the commencement of the Concession a sinking fund of one per cent. (1%) per annum on the total amount of the bonds issued, whether redeemed or unredeemed, shall be applied for their redemption.

(2) The annual payments by the Company for the service of the bonds shall notwithstanding the provisions of the previous sub-

Schuldverschreibungsdienst folgendermaßen begrenzt:

(a) für das erste Jahr auf zweihundert Millionen Goldmark,

(b) für das zweite Jahr auf fünfhundertfünfundneunzig Millionen Goldmark,

(c) für das dritte Jahr auf fünfhundertfünfzig Millionen Goldmark.

Vom vierten Jahre ab beträgt die Jahresleistung sechshundertsechzig Millionen Goldmark. Alle diese Zahlungen verstehen sich für das Jahr zu vollen 12 Monaten gerechnet. Sie bilden die Gesamtleistungen der Gesellschaft für den Dienst der Schuldverschreibungen.

(3) Die Zahlungen sind zu gleichen Teilen zweimal jährlich, und zwar am Ende eines jeden Halbjahres, entsprechend den Anweisungen des Treuhänders zu leisten. Für den zuerst fälligen Betrag wird die Zahlung nach Verhältnis der wirklichen Dauer des Betriebes durch die Gesellschaft berechnet.

(4) Die Zahlungen erfolgen an die „Neue Bank" zugunsten des „Agenten für die Reparationszahlungen"

pour le service des obligations seront limités comme suit:

(a) pour la première année deux cents (200) millions de marks-or,

(b) pour la deuxième année cinq cent quatre vingt quinze (595) millions de marks-or,

(c) pour la troisième année cinq cent cinquante (550) millions de marks-or.

A partir de la quatrième annnée le paiement annuel de la Compagnie pour le service des obligations sera de six cent soixante (660) millions de marks-or. Tous ces paiements s'entendent pour des années de douze (12) mois effectifs. Ils comportent les prestations totales de la Compagnie pour le service des obligations.

(3) Les paiements seront effectués par parts égales deux fois par an à la fin de chaque semestre conformément aux instructions du Trustee. Pour la première échéance le paiement sera calculé proportionnellement à la durée effective de l'exploitation de la Compagnie.

(4) Ces paiements seront faits à la "Nouvelle Banque" au crédit de "l'Agent pour les paiements des Répara-

clause be limited during the first three years after the commencement of the Concession as follows:—

(a) For the first year to two hundred (200) million marks gold;

(b) For the second year to five hundred and ninety-five (595) million marks gold;

(c) For the third year to five hundred and fifty (550) million marks gold.

From and after the fourth year the annual payment of the Company for the service of the bonds shall be six hundred and sixty (660) million marks gold. For the purpose of such payments the year is to be taken as meaning a completed period of twelve (12) months. The aforesaid payments represent the total payments to be made by the Company for the service of the Reparation Bonds and for all expenses of management connected therewith.

(3) The payments shall be made twice a year in equal instalments at the end of each half year in accordance with the Trustee's instructions, provided that in the case of the first payment it shall be calculated in proportion to the actual period elapsed between the commencement of the Company's operations and the end of the first half year.

(4) The payments shall be made to the "New Bank" to the credit of the "Agent for Reparation Payments"

für Rechnung des Treuhänders. Dieser bewirkt den Zinsen- und Tilgungsdienst der Schuldverschreibungen aus den Mitteln, die ihm der Agent zu diesem Zweck überweist.

(5) Die Gesellschaft muß ihre Zahlungen gemäß § 25 aus dem Betriebsüberschuß, im Notfall unter Heranziehung aller Rücklagen, bewirken.

(6) Außerdem werden die Zahlungen von der Reichsregierung gewährleistet. Diese kann der Gesellschaft entweder die für die Zahlungen nötigen Mittel zur Verfügung stellen oder die Zahlungen unmittelbar an den „Agenten für die Reparationszahlungen" für Rechnung des Treuhänders bewirken.

(7) Schließlich kann der Treuhänder im Falle der Nichtzahlung der fälligen Zins- und Tilgungsbeträge die fälligen Zinsscheine oder die zu tilgenden Stücke dem von der Reparationskommission bestellten „Kommissar für die kontrollierten Einnahmen" vorlegen. Dieser hat sie zum Nennwert aus dem Teile der verpfändeten Einnahmen zu bezahlen, der an das Reich zurückfließt.

(8) Die Beträge, die die Reichsregierung oder der „Kommissar für die kontrollierten Einnahmen" mit Rücksicht auf die Gewährleistung der Reichsregierung entrichtet hat, werden ihr von der Gesellschaft erstattet, nachdem die erforderlichen Mittel für die lau-

tions" pour le compte du Trustee. Celui-ci assurera le service d'intérêt et d'amortissement des obligations au moyen des fonds qui devront lui être remis à cet effet par ledit Agent.

(5) La Compagnie doit effectuer les paiements sur les produits nets de l'exploitation conformément au § 25, en recourant en cas de besoin à toutes ses réserves.

(6) Les paiements seront en outre garantis par le Gouvernement. A cet effet, le Gouvernement pourra mettre à la disposition de la Compagnie les fonds nécessaires pour les paiements ou bien effectuer les paiements immédiatement à "l'Agent pour les paiements des Réparations" pour le compte du Trustee.

(7) Enfin en cas de défaut de paiement à l'échéance des intérêts et de l'amortissement, le Trustee pourra présenter les coupons échus ou les titres à amortir au "Commissaire aux Revenus gagés", institué par la Commission des Réparations, lequel devra les payer à leur valeur nominale sur les recettes des gages revenant au Reich.

(8) Les sommes, que le Gouvernement ou le "Commissaire aux Revenus gagés" aura payées éventuellement en vertu de la garantie du Gouvernement, seront remboursées par la Compagnie au Gouvernement après que les provisions nécessaires pour les

for the account of the Trustee. The Trustee shall assure the due payment of the interest and sinking fund of the bonds by means of the funds to be remitted to him by the said Agent for the purpose.

(5) The Company shall in accordance with Clause 25 make its payments out of the net operating income of the Railways, having recourse in case of need to all its reserves.

(6) The payments are further guaranteed by the Government of the Reich. For this purpose the Government may either place the funds necessary for the payment at the Company's disposal or may remit the payments directly to the "Agent for Reparation Payments" for account of the Trustee.

(7) Finally, in case of a failure to pay the interest and sinking fund at due date, the Trustee may present the accrued coupons or any bonds due for repayment to the Commissioner for Controlled Revenues appointed by the Reparation Commission, who is authorised to pay them at their face value out of that portion of the proceeds of the assigned revenues which belongs to the Reich.

(8) Any sums which the Government or the Commissioner for Controlled Revenues may have paid under the Reich's guarantee shall be repaid by the Company to the Government after the necessary provision has been made for the current and the next cou-

fenden und die nächstfälligen Zinsscheine der Schuldverschreibungen und für die feste Dividende der Vorzugsaktien für das laufende Jahr sichergestellt sind.

(9) Die Schuldverschreibungen tragen die Unterschrift eines Vertreters der Gesellschaft und der Reichsschuldenverwaltung als der zuständigen Reichsbehörde.

(10) Die Form der Schuldverschreibungen sowie alle Bedingungen für die Bezahlung der Zinsscheine und für die Tilgung der Schuldverschreibungen setzt der Treuhänder mit Zustimmung der Reparationskommission fest.

(11) Die Reichsregierung und die Gesellschaft haben jederzeit das Recht, mit Ermächtigung der Reparationskommission an den Treuhänder Beträge über die obigen Zahlungen hinaus zu entrichten. Die Reparationskommission soll sich in diesem Fall beim „Übertragungskomitee" vergewissern, daß die Übertragung dieser Mehrzahlungen die Übertragung der Gesamtzahlungen des Deutschen Reichs aus seinen Reparationsverpflichtungen nicht beeinträchtigt. Alle derartigen Zahlungen sollen zunächst zur Begleichung rückständiger Zinszahlungen verwendet werden und erst hiernach — auf eine sechs Monate vorher öffentlich bekanntgegebene Ankündigung hin — zur Tilgung oder zum Rückkauf aller oder eines Teiles der jeweils noch nicht getilgten Schuldverschreibungen, und zwar zum Nennwert, dienen.

coupons courant et prochain, des obligations et pour le dividende fixe des actions de préférence pour l'année en cours auront été constituées.

(9) Les obligations porteront la signature d'un représentant autorisé de la Compagnie et de la Reichsschuldenverwaltung comme autorité compétente du Reich.

(10) La forme des obligations ainsi que toutes les conditions de paiement de leurs coupons et de leur amortissement seront fixées par le Trustee avec l'approbation de la Commission des Réparations.

(11) Le Gouvernement et la Compagnie auront en tout temps le droit de verser au Trustee des sommes en sus des paiements précités avec l'autorisation de la Commission des Réparations qui s'assurera auprès du "Comité des Transferts" que le transfert de ces fonds supplémentaires ne gêne pas celui des paiements annuels des réparations. Toute somme ainsi versée sera appliquée par priorité à l'acquittement de tout intérêt arriéré et ensuite, sur préavis de six (6) mois porté à la connaissance du public, au remboursement au pair de tout ou partie des obligations non encore remboursées.

pons on the bonds and for the fixed dividend for the current year on the preference shares.

(9) The bonds shall bear the signatures of an authorised representative of the Company and of the Reichsschuldenverwaltung as the competent authority of the Reich.

(10) The form of the bonds and all conditions as to payment of their coupons and their redemption shall be settled by the Trustee with the approval of the Reparation Commission.

(11) The Government and the Company shall be entitled at any time with the consent of the Reparation Commission to pay to the Trustee sums additional to the above payments. The Commission shall ascertain from the "Transfer Committee" that the transfer of these additional sums will not disturb the transfer of the annual Reparation payments. Any sums so paid shall be applied first to the discharge of any interest in arrear and next, upon six (6) months' public notice, in redeeming at par all or any of the bonds for the time being outstanding.

(12) Die Gesellschaft kann die Schuldverschreibungen an der Börse oder sonst aufkaufen.

(13) Soweit Reparationsschuldverschreibungen von einzelnen Inhabern aus Gründen, die die Gesellschaft nicht zu vertreten hat, nicht eingezogen werden können, sind die erforderlichen Geldbeträge zu hinterlegen. Diese Hinterlegung hat die gleiche befreiende Wirkung für die Gesellschaft wie die Tilgung selbst.

(14) Der Treuhänder übermittelt halbjährlich der Reichsschuldenverwaltung und der Gesellschaft einen Rechnungsauszug über die Verwendung der Beträge, die ihm für den Zins- und Tilgungsdienst der Schuldverschreibungen überwiesen worden sind.

(15) Die Reparationskommission kann die Schuldverschreibungen, um sie auf den Markt zu bringen, in jeder ihr geeignet erscheinenden Weise in verschiedene Serien mit verschiedenen Rechten hinsichtlich des Ranges der Hypothek, des Zinsfußes, der Kapitalrückzahlung einteilen lassen, jedoch unter der Voraussetzung, daß die gesamte Jahresbelastung der Gesellschaft oder der Reichsregierung dadurch nicht erhöht und die Dauer der Zahlungen der Gesellschaft oder der Reichsregierung nicht verlängert werden.

§ 9.

ANDERE SCHULDVERSCHREIBUNGEN.

(1) Andere als die im § 8 genannten Schuldverschrei-

(12) La Compagnie pourra acheter les obligations en bourse ou autrement.

(13) En tant que le remboursement des obligations des Réparations à certains porteurs se trouverait impossible pour des raisons dont la Compagnie n'est pas responsable, les fonds nécessaires devraient être mis en dépôt; cette mise en dépôt aura le même effet libératoire pour la Compagnie que le remboursement.

(14) Le Trustee adressera chaque semestre à la Reichsschuldenverwaltung et à la Compagnie un compte-rendu de l'emploi des sommes à lui versées pour le paiement des intérêts et de l'amortissement des obligations.

(15) La Commission des Réparations aura le droit, en vue de mobiliser les obligations, de les faire diviser de la façon qu'elle jugera convenable, en différentes catégories, jouissant de droits différents, en ce qui concerne le rang d'hypothèque, le taux d'intérêt, le remboursement du capital, étant entendu que la charge globale annuelle en résultant pour la Compagnie ou le Gouvernement ainsi que la durée des paiements de la Compagnie ou du Gouvernement ne seront jamais accrues.

§ 9.

AUTRES OBLIGATIONS.

(1) La Compagnie ne peut émettre des obligations autres que celles indiquées

(12) The Company may purchase the bonds on the Bourse or otherwise.

(13) Should it be impossible for reasons outside the control of the Company to make payment to the bearers of certain bonds the necessary funds shall be paid into Court; this payment into Court shall operate in discharge of the Company as if the bonds had been paid off.

(14) The Trustee shall render a halfyearly report to the Reichsschuldenverwaltung and to the Company on the manner in which the sums paid for the interest and redemption of the bonds have been employed.

(15) The Reparation Commission shall be entitled with a view to the mobilisation of the bonds, to have the same divided in any manner which it may think expedient, into different classes with different rights as to priority of charge, rate of interest or repayment of capital, provided that the total annual charge chall not be increased nor the period during which the payments are required to be made be thereby prolonged in respect either of the Government or of the Company.

§ 9.

OTHER BONDS.

(1) The Company shall only issue bonds, notes or charges on the Railways of

bungen oder andere hypothekarisch gesicherte Anleihen darf die Gesellschaft nur auf Grund eines Beschlusses des Verwaltungsrats ausgeben, der mit einer Mehrheit von drei Viertel der abgegebenen Stimmen gefaßt ist. Für die Ausgabe müssen mindestens zwei ausländische Mitglieder gestimmt haben. Die neuen Schuldverschreibungen oder die neuen Anleihen stehen den Reparationsschuldverschreibungen im Range nach.

(2) Diese Schuldverschreibungen oder Anleihen dürfen nur bis zum Höchstbetrage von 250 Millionen Goldmark ausgegeben werden, solange nicht Vorzugsaktien im Nennwert von mindestens einer Milliarde Goldmark untergebracht worden sind.

§ 10.

ORGANISATION DER GESELLSCHAFT.

Die Organe der Gesellschaft sind der Verwaltungsrat und der Vorstand. Ihre Befugnisse bestimmen sich nach dem Gesetz und der Gesellschaftssatzung

§ 11.

VERWALTUNGSRAT.

(1) Der Verwaltungsrat besteht aus achtzehn Mitgliedern.

(2) Die Mitglieder des Verwaltungsrats werden zur Hälfte von der Reichsregierung, zur Hälfte von dem Treuhänder als dem

au § 8 ou contracter d'autres emprunts gagés par une hypothèque sur les Chemins de fer qu'en vertu d'une décision du Conseil d'Administration, prise à la majorité des trois quarts (¾) des Membres votants, dont au moins deux Membres étrangers. Les nouvelles obligations ou nouveaux emprunts prendront rang derrière les obligations des Réparations.

(2) Les émissions de ces obligations ou ces emprunts ne pourront être faits que dans la limite d'un total de 250 millions de marks-or jusqu'à ce qu'on ait placé des actions de préférence pour une valeur nominale d'au moins un (1) milliard de marks-or.

§ 10.

ORGANISATION DE LA COMPAGNIE.

Auront qualité pour agir au nom de la Compagnie et pour la représenter, le Conseil d'Administration et la Direction dans les conditions fixées par la loi et les Statuts de la Compagnie.

§ 11.

CONSEIL D'ADMINISTRATION.

(1) Le Conseil d'Administration se compose de dix-huit (18) Membres.

(2) Les Membres du Conseil sont nommés par moitié (9) par le Gouvernement Allemand et par moitié (9) par le Trustee en sa qualité

any kind, other than the Reparation Bonds by virtue of a resolution of the Board of Management passed by a three-fourths (¾) majority of the members voting, of whom at least two (2) must be foreign members. Any such charges shall rank after the Reparation Bonds.

(2) No such second charges beyond the total of 250 million marks gold shall be issued or made until preference shares to the nominal value of at least 1 milliard marks gold shall have been issued.

§ 10.

ORGANISATION OF THE COMPANY.

The Board of Management (Verwaltungsrat) and the Directorate (Vorstand) shall have authority to represent the Company and to act in its name, subject to the provisions of the Law and of this Concession.

§ 11.

BOARD OF MANAGEMENT.

(1) The Board of Management shall consist of eighteen (18) members.

(2) Half the members of the Board (9) shall be appointed by the Government of the Reich and half (9) by the Trustee as repre-

Vertreter der Gläubiger der Reparationsschuldverschreibungen ernannt. Von den durch den Treuhänder zu bestellenden Mitgliedern können fünf Deutsche sein. Sobald alle Reparationsschuldverschreibungen getilgt sind, fällt die Ernennung der bisher vom Treuhänder ernannten Mitglieder der Reichsregierung zu.

de Représentant des obligations des Réparations. Parmi les Membres à nommer par le Trustee cinq pourront être de nationalité allemande. Dès que toutes les obligations des Réparations auront été amorties, la nomination des Membres qui auront été désignés jusqu'alors par le Trustee sera assurée par le Gouvernement.

senting the Reparation Bonds. Of the members to be appointed by the Trustee five (5) may be of German nationality. So soon as all the Reparation Bonds have been redeemed, the members till then appointed by the Trustee shall be appointed by the Government.

(3) Von den seitens der Reichsregierung zu besetzenden Sitzen sind später vier den Inhabern der Vorzugsaktien mit der Maßgabe einzuräumen, daß auf je fünfhundert Millionen Goldmark ausgegebener Vorzugsaktien ein Sitz im Verwaltungsrat entfällt. Die Vertreter der Vorzugsaktionäre müssen Deutsche sein.

(3) Parmi les sièges dont les titulaires seront nommés par le Gouvernement, quatre (4) devront être attribués ultérieurement aux détenteurs des actions de préférence sous réserve qu'à chaque tranche de cinq cents (500) millions d'actions de préférence qui sera émise, revienne une place dans le Conseil. Les Représentants des actionnaires de préférence devront être de nationalité allemande.

(3) Four (4) of the seats on the Board filled by appointees of the Government shall at a later stage be assigned to the holders of preference shares in such manner that for each five hundred (500) million preference shares issued, one representative of such shares shall be entitled to a seat on the Board. Representatives of the holders of preference shares shall be of German nationality.

(4) Die Reichsregierung hat, sobald ihr die Bestellung eines Vertreters der Vorzugsaktionäre mitgeteilt ist, ein von ihr ernanntes Mitglied zurückzuziehen. Nach Maßgabe der Einziehung der Vorzugsaktien fallen die ihren Vertretern vorbehaltenen Sitze nach den gleichen Grundsätzen, wie sie für die Einräumung maßgebend waren, an die Reichsregierung zurück.

(4) Dès que la nomination d'un Représentant des actionnaires de préférence sera notifiée au Gouvernement, celui-ci devra relever de ses fonctions un Membre désigné par lui. Au fur et à mesure que les actions de préférence seront remboursées, les sièges réservés à leurs Représentants reviendront au Gouvernement d'après les mêmes principes qui ont déterminé leur attribution.

(4) As soon as the appointment of a representative of the preference shares is reported to the Government it shall notify to the Company that the appointment of one of the members which it has appointed is cancelled. Conversely when and as preference shares are redeemed, the seats on the Board assigned to their representatives shall be vacated, and the appointment of their successors shall revert to the Government.

(5) Die Bestimmungen über das Verfahren bei der Ernennung der Vertreter der Vorzugsaktionäre trifft der Verwaltungsrat.

(5) Le Conseil fixera les règles relatives à la procédure de la désignation des Représentants des actionnaires de préférence.

(5) The Board shall determine the manner in which the representatives of the preference shares are to be chosen.

§ 12.

VORAUSSETZUNG FÜR DIE MITGLIEDSCHAFT IM VERWALTUNGSRAT.

(1) Die Mitglieder des Verwaltungsrats müssen erfahrene Kenner des Wirtschaftslebens oder Eisenbahnsachverständige sein. Sie dürfen nicht Mitglied des Reichstags, eines Landtags, der Reichsregierung oder einer Landesregierung sein.

(2) Sie sind zur unbedingten Verschwiegenheit über die Angelegenheiten der Gesellschaft verpflichtet.

§ 12.

QUALIFICATION DES MEMBRES DU CONSEIL.

(1) Les Membres du Conseil devront être des hommes d'affaires expérimentés ou des techniciens de chemins de fer. Ils ne pourront faire partie ni du Reichstag ni de la Diète d'un des Etats Allemands, ni du Gouvernement du Reich ni du Gouvernement d'un des Etats Allemands.

(2) Ils seront tenus à une absolue discrétion en ce qui concerne les affaires de la Compagnie.

§ 12.

QUALIFICATION OF THE MEMBERS OF THE BOARD.

(1) The members of the Board shall be business men of experience or professional Railway men. They shall not be members of the Reichstag or of the Parliament of any of the German States, or of the Government of the Reich or of any of the German States.

(2) They shall observe absolute discretion regarding the Company's affairs.

§ 13.

AUSSCHEIDEN DER MITGLIEDER DES VERWALTUNGSRATS.

(1) Am Ende jedes zweiten Geschäftsjahrs scheiden drei Mitglieder aus jeder der beiden Gruppen der Verwaltungsratsmitglieder aus. Die eine Gruppe bilden die von der Reichsregierung ernannten und die von den Vorzugsaktionären bestellten, die andere die vom Treuhänder ernannten Mitglieder. Die am Ende des zweiten und vierten Geschäftsjahrs ausscheidenden Mitglieder werden durch das Los bestimmt, während vom Ende des sechsten Geschäftsjahrs ab jedes Mitglied nach sechsjähriger Amtsdauer ausscheidet. Die Ausscheidenden können wiederbestellt werden.

(2) Die Mitglieder des Verwaltungsrats können jederzeit durch eine schriftliche Erklärung ihr Amt

§ 13.

REMPLACEMENT DES MEMBRES.

(1) A la fin de chaque période de deux exercices, trois Membres de chacun des deux groupes constitués d'un côté par les délégués du Gouvernment et des actions de préférence, de l'autre côté par les délégués du Trustee, cesseront de faire partie du Conseil. Au commencement un tirage au sort déterminera les Membres sortants au bout de deux ans et de quatre ans, après quoi chaque Membre restera six ans en fonctions. Les Membres sortants pourront être désignés à nouveau.

(2) A tout moment, les Membres auront la faculté de résigner leurs fonctions en notifiant par écrit leur

§ 13.

REPLACEMENT OF MEMBERS OF THE BOARD.

(1) At the end of each period of two financial years three members of each of the two groups, consisting in the one case of the members appointed by the Government and the representatives of preference shares, and in the other case of the representatives of the Trustee, shall retire from the Board. At the outset, the members to retire at the end of two years and at the end of four years shall be chosen by lot; subsequently each member shall remain in office for six years. A retiring member shall be eligible for re-election.

(2) Members of the Board may at any time notify their intention to resign in writing. A member losing

niederlegen. Verliert ein Mitglied die Fähigkeit zur Bekleidung öffentlicher Ämter oder wird über sein Vermögen das Konkursverfahren eröffnet, so verliert es ohne weiteres seine Mitgliedschaft im Verwaltungsrat.

(3) Beim Ausscheiden eines Mitglieds während seiner Amtszeit ist binnen einer Frist von drei Monaten sein Nachfolger zu bestellen. Dieser wird für die Zeit der Amtsdauer des Mitgliedes ernannt, an dessen Stelle er tritt.

§ 14.

PRÄSIDENT DES VERWALTUNGSRATS.

(1) Der Präsident des Verwaltungsrats muß Deutscher sein. Er wird jährlich zu Beginn des Geschäftsjahrs vom Verwaltungsrat mit einer Mehrheit von drei Viertel der abgegebenen Stimmen gewählt. Wiederwahl ist zulässig. Wenn die Inhaber der Vorzugsaktien im Verwaltungsrat durch drei Mitglieder vertreten sind, soll der Präsident aus diesen entnommen werden.

(2) Der Verwaltungsrat wählt jährlich mit einfacher Stimmenmehrheit einen oder zwei Vizepräsidenten, deren Wiederwahl zulässig ist.

§ 15.

AUFGABEN DES VERWALTUNGSRATS.

(1) Der Verwaltungsrat hat die Aufgabe, die Ge-

décision. Seront obligatoirement démissionnaires les Membres qui perdraient le droit d'exercer des fonctions publiques ou qui seraient déclarés en faillite.

(3) A tout Membre sortant au cours de son mandat, il devra être désigné un successeur dans un délai de trois mois. Il sera nommé pour la durée restant à courir du mandat du Membre sortant.

§ 14.

PRÉSIDENCE.

(1) Le Président du Conseil sera de nationalité allemande. Il sera élu chaque année, au début de l'exercice par le Conseil à une majorité des trois quarts (¾) des votants. Il sera rééligible. Lorsque les détenteurs des actions de préférence seront représentés au Conseil par trois Membres au moins, le Président devra être élu parmi eux.

(3) Le Conseil élira chaque année, à la simple majorité des votes, un ou deux Vice-présidents, qui seront rééligibles.

§ 15.

FONCTIONS DU CONSEIL.

(1) Le Conseil aura à contrôler la gestion de la

the right to hold public office or who is declared bankrupt shall cease to be a member of the Board.

(3) If any member ceases to hold office otherwise than by rotation, his successor shall be appointed within three months and shall continue in office for the remainder of the term of the member whom he replaces.

§ 14.

PRESIDENT OF THE BOARD OF MANAGEMENT.

(1) The President of the Board of Management shall be of German nationality. He shall be elected each year at the beginning of the financial year by a three-fourths (¾) majority of the members of the Board voting. He shall be eligible for re-election. When the holders of preference shares are represented by at least three members on the Board, the President shall be chosen from amongst their number.

(2) The Board shall each year elect one or two Vice-Presidents by a simple majority of the members voting; they shall be eligible for re-election.

§ 15.

FUNCTIONS OF THE BOARD OF MANAGEMENT.

(1) The Board of Management shall control the

schäftsführung der Gesellschaft zu überwachen und über alle wichtigen oder grundsätzlichen Fragen oder solche von allgemeiner Bedeutung zu entscheiden. Hierzu gehören insbesondere:

die Ernennung des Generaldirektors und der oberen Beamten; diese hat der Generaldirektor vorzuschlagen,

die Feststellung des Voranschlags,

die Feststellung der Bilanz und der Gewinn- und Verlustrechnung.

die Gewinnverteilung,

die Anlegung der flüssigen Mittel der Gesellschaft,

die Ermächtigung zur Aufnahme von Anleihen und Krediten zu Lasten der Gesellschaft,

die Besoldungs- und Lohnordnung,

die Genehmigung aller Ausgaben auf Kapitalrechnung, wenn diese die vom Verwaltungsrat festgesetzte Begrenzung übersteigen.

(2) Soweit Angelegenheiten der Genehmigung der Reichsregierung unterliegen, sind sie auch dem Verwaltungsrat zu unterbreiten.

(3) Der Verwaltungsrat vertritt die Gesellschaft gegenüber den Mitgliedern des Vorstandes.

§ 16.

SITZUNGEN DES VERWALTUNGSRATS.

(1) Der Verwaltungsrat tritt mindestens alle zwei Monate zu ordentlichen

Compagnie et à statuer sur toutes les questions importantes ou de principe ou générales, notamment:

la nomination du Directeur Général et celle des fonctionnaires supérieurs sur la proposition du Directeur Général,

l'établissement du budget,

l'établissement du bilan et du compte des profits et pertes,

la répartition des bénéfices,

la gestion des fonds disponibles de la Compagnie,

l'autorisation d'engager la Compagnie pour des emprunts ou des crédits.

le règlement des traitements et salaires,

l'approbation de toute dépense au compte capital supérieure à la limite fixée par le Conseil.

(2) Les questions, qui doivent être approuvées par le Gouvernement, seront aussi soumises au Conseil.

(3) Le Conseil représente la Compagnie vis-à-vis des Membres de la Direction.

§ 16.

SEANCES DU CONSEIL.

(1) Le Conseil se réunit en séances ordinaires au moins tous les deux mois. Il se réunit en séances

management of the Company and shall decide on all questions of importance, or of principle, or of general application, and more especially on such questions and matters as are set out below:—

The appointment of the Director General and of the superior officers on the recommendation of the Director General,

The budget proposals,

The balance sheet and the profit and loss account,

The appropriation of net revenue,

The application of the liquid resources of the Company,

The authority to pledge the credit of the Company to obtain credit or loans,

The general regulation of salaries and wages,

The approval of any expenditure on capital account beyond such limit as may be fixed by the Board.

(2) Any proposal or matter which requires the approval of the Government shall be reported to the Board.

(3) The Board represents the Company in relation to the members of the Directorate (Vorstand).

§ 16.

MEETINGS OF THE BOARD OF MANAGEMENT.

(1) The Board shall hold ordinary meetings at least

Sitzungen zusammen. Außerordentliche Sitzungen sind anzuberaumen, wenn mindestens sechs Mitglieder oder der Präsident des Verwaltungsrats die Einberufung schriftlich beantragen.

(2) Ist ein Mitglied bei einer Sitzung am Erscheinen verhindert, so kann es durch Einschreibebrief oder Drahtnachricht seine Befugnisse einem anderen Mitglied übertragen. Letzteres erhält dadurch auch das Stimmrecht des verhinderten Mitglieds.

(3) Zur Beschlußfassung ist die Anwesenheit von acht Mitgliedern erforderlich.

(4) Die Beschlüsse werden, sofern nicht das Gesetz oder die Satzung etwas anderes bestimmt, mit einfacher Mehrheit gefaßt. Bei Stimmengleichheit gibt die Stimme des Präsidenten den Ausschlag.

§ 17.

ARBEITSAUSSCHUSS.

(1) Der Verwaltungsrat kann seine Befugnisse, soweit es ihm zweckmäßig erscheint, einem Arbeitsausschuß übertragen, der aus sechs Mitgliedern, und zwar aus drei Mitgliedern jeder Gruppe (§ 13), besteht. Unter ihnen soll mindestens ein ausländisches Mitglied sein; ein weiteres Mitglied ist den Vertretern der Vorzugsaktionäre auf ihren Wunsch zu entnehmen.

(2) Der Verwaltungsrat kann aus seiner Mitte weitere Ausschüsse bilden.

(3) Der Verwaltungsrat setzt die Geschäftsordnung

extraordinaires toutes les fois qu'au moins six de ses Membres ou le Président en requièrent par écrit la convocation.

(2) Si un Membre ne peut pas assister à une séance du Conseil, il pourra toujours déléguer ses pouvoirs par lettre recommandée ou par télégramme à l'un de ses collègues pour voter en son lieu et place.

(3) Le Conseil ne pourra prendre de décision qu'en présence de huit (8) Membres.

(4) Les décisions seront prises à la simple majorité, sauf les exceptions prévues par la loi et les Statuts de la Compagnie. En cas de parité de voix dans le Conseil, le Président aura une voix supplémentaire.

§ 17.

COMITE DE PERMANENCE.

(1) Le Conseil pourra déléguer ses attributions, en tant qu'il le jugera utile, à un Comité de Permanence, composé de six (6) Membres, trois (3) de chaque groupe (§ 13), dont un au moins sera un Membre étranger, un autre sera choisi parmi les Représentants des actionnaires de préférence, s'ils le demandent.

(2) Le Conseil pourra créer dans son sein d'autres commissions.

(3) Le Conseil fixe son règlement de service ainsi

every two (2) months. It shall hold an extraordinary meeting whenever at least six (6) members or the President shall so require in writing.

(2) Should a member not be able to attend a meeting of the Board, he may empower one of his colleagues by registered letter or by telegram to vote for him and on his behalf.

(3) Eight (8) members shall constitute a quorum.

(4) Decisions shall be taken by a simple majority of members voting except in the cases provided for in the Law and the Company's Concession. The President shall have a casting vote.

§ 17.

PERMANENT COMMITTEE.

(1) The Board of Management may delegate its powers, so far as it thinks fit, to a Permanent Committee consisting of six (6) members, three (3) from each group (see Clause 13), one (1) of whom at least shall be a member of foreign nationality and one (1) shall be chosen from the representatives of the preference shareholders, if they so require.

(2) The Board may also appoint other Committees from amongst its members.

(3) It shall fix its own rules for the conduct of bu-

für sich sowie für den Arbeitsausschuß und für die weiteren Ausschüsse fest.

§ 18.

VERGÜTUNGEN FÜR DIE MITGLIEDER DES VERWALTUNGSRATS.

Die Mitglieder des Verwaltungsrats erhalten freie Fahrt auf den Strecken der Gesellschaft, Ersatz von Reiseauslagen und für ihre Mühewaltung eine angemessene Vergütung, die der Verwaltungsrat festsetzt.

§ 19.

VORSTAND.

(1) Der Vorstand führt die Geschäfte der Gesellschaft unter der Aufsicht des Verwaltungsrats.

(2) Der Vorstand besteht aus dem Generaldirektor und einem oder mehreren Direktoren. Der Generaldirektor und die Direktoren müssen Deutsche sein. Sie dürfen dem Verwaltungsrat nicht angehören.

(3) Der Generaldirektor wird vom Verwaltungsrat auf drei Jahre mit einer Mehrheit von drei Viertel der abgegebenen Stimmen ernannt; Wiederernennung ist mit der gleichen Stimmenmehrheit zulässig. Die Direktoren werden vom Verwaltungsrat auf Vorschlag des Generaldirektors ernannt.

(4) Die Ernennung des Generaldirektors und der Direktoren bedarf der Bestätigung des Reichspräsidenten.

que celui du Comité de Permanence et des autres Commissions.

§ 18.

REMUNERATION DES MEMBRES DU CONSEIL.

Les Membres du Conseil seront en droit de circuler librement sur le réseau de la Compagnie; ils auront droit au remboursement de leurs frais de déplacement et au paiement d'une rémunération raisonnable à fixer par le Conseil.

§ 19.

DIRECTION DE LA COMPAGNIE.

(1) La Direction, sous le contrôle du Conseil, gère les affaires de la Compagnie.

(2) La Direction est composée du Directeur Général et d'un ou de plusieurs Directeurs. Le Directeur Général et les Directeurs doivent être Allemands. Ils ne peuvent pas appartenir au Conseil.

(3) Le Directeur Général est nommé par le Conseil pour trois (3) ans à la majorité des trois quarts (¾) des votants; il est rééligible à la même majorité. Les Directeurs sont nommés par le Conseil sur la proposition du Directeur Général.

(4) La nomination du Directeur Général et des Directeurs doit être confirmée par le Président du Reich.

siness, as also rules for the conduct of business by the Permanent Committee and other Committees.

§ 18.

REMUNERATION OF MEMBERS OF THE BOARD.

Members of the Board shall be entitled to travel free on the lines of the Company; they shall be entitled to have their travelling expenses reimbursed and to such reasonable remuneration as may be determined by the Board.

§ 19.

DIRECTORATE (VORSTAND) OF THE COMPANY.

(1) The Directorate (Vorstand) shall manage the Company's affairs subject to the control of the Board.

(2) The Directorate shall consist of the Director General and one or more Directors, who shall be of German nationality. They shall not be members of the Board.

(3) The Director General shall be appointed by the Board for a period of three (3) years by a three-fourths (¾) majority of the members voting; he shall be eligible for re-election by the same majority. The Directors shall be appointed by the Board on the recommendation of the Director General.

(4) The appointment of the Director General and of the Directors shall be confirmed by the President of the Reich.

(5) Der Verwaltungsrat kann jederzeit mit einer Mehrheit von drei Viertel der abgegebenen Stimmen die Ernennung des Generaldirektors widerrufen. Der Anspruch des Generaldirektors auf seine vertragsmäßige Vergütung wird durch den Widerruf seiner Ernennung nicht berührt.

(5) Le Conseil peut à tout moment, à la majorité des trois quarts (¾) des votants, révoquer la nomination du Directeur Général. La révocation du Directeur Général ne porte pas atteinte à son droit relatif au paiement de ses émoluments contractuels.

(5) The Board may at any time remove the Director General by a three-fourths (¾) majority of the members voting. The removal of the Director General shall not affect the rights to salary and allowances, which he may possess under any agreement.

§ 20.

BEFUGNISSE DES VORSTANDES.

(1) Für die Geschäftsführung der Gesellschaft trägt der Generaldirektor die Verantwortung.

(2) Die Befugnisse des Generaldirektors und der Direktoren setzt die Geschäftsordnung der Gesellschaft fest, die der Genehmigung des Verwaltungsrats bedarf.

(3) Der Generaldirektor und die Direktoren haben bei ihrer Geschäftsführung die Sorgfalt eines ordentlichen Geschäftsmannes wahrzunehmen und haften bei Verletzung ihrer Obliegenheiten der Gesellschaft gegenüber.

(4) Der Generaldirektor hat dem Verwaltungsrat allmonatlich über die finanzielle Lage und den Stand des Unternehmens Auskunft zu erteilen.

(5) Der Generaldirektor und die Direktoren dürfen eine gleichzeitige andere Erwerbstätigkeit oder eine Nebenbeschäftigung nur mit Genehmigung des Verwaltungsrats ausüben.

§ 20.

ATTRIBUTIONS DE LA DIRECTION.

(1) Le Directeur Général est responsable de la gestion des affaires de la Compagnie.

(2) Les pouvoirs du Directeur Général et des Directeurs seront fixés par le Règlement de service de la Compagnie approuvé par le Conseil.

(3) Le Directeur Général et les Directeurs déploieront, dans l'exercice de leurs fonctions, les soins d'un bon commerçant; ils sont responsables envers la Compagnie de toute infraction aux devoirs qui leur incombent.

(4) Le Directeur Général soumettra tous les mois au Conseil tous renseignements sur la situation financière et l'état de l'entreprise.

(5) Le Directeur Général et les Directeurs ne pourront cumuler leurs fonctions avec une autre profession ou une occupation secondaire qu'avec l'approbation du Conseil.

§ 20.

FUNCTIONS OF THE DIRECTORATE.

(1) The Director General is responsible for the management of the Company's affairs.

(2) The functions of the Director General and the Directors shall be determined by the Company's Staff Regulations as approved by the Board.

(3) In the discharge of their functions, the Director General and the Directors shall exercise such care as is required from a good man of business; they shall be responsible to the Company for any breach of their duties.

(4) The Director General shall furnish the Board month by month with full information as to the financial situation of the Company and the condition of the undertaking.

(5) The Director General and the Directors may not be engaged in any other profession or occupation except with the approval of the Board.

§ 21.

DER EISENBAHN-KOMMISSAR.

(1) Zur Wahrung der Rechte aus den Reparationsschuldverschreibungen wird ein Eisenbahnkommissar bestellt. Er soll eine Persönlichkeit von anerkanntem Ruf in der Eisenbahnwelt sein. Er wird von den ausländischen Mitgliedern des Verwaltungsrats mit einfacher Mehrheit der abgegebenen Stimmen für drei Jahre gewählt. Wiederwahl ist zulässig.

(2) Die Tätigkeit des Eisenbahnkommissars hört auf, sobald die Reparationsschuldverschreibungen völlig getilgt sind. Das gleiche gilt von der Tätigkeit des Treuhänders, soweit es sich um seinen Geschäftskreis gegenüber der Gesellschaft handelt.

§ 21.

COMMISSAIRE.

(1) Pour sauvegarder les droits des obligations des Réparations, il sera désigné un Commissaire des chemins de fer. Il devra être une personnalité jouissant d'une haute réputation dans le monde des chemins de fer. Il sera élu pour une durée de trois (3) ans à la simple majorité des voix par les Membres étrangers du Conseil. Il sera rééligible.

(2) Les fonctions du Commissaire prendront fin comme celles du Trustee en ce qui concerne la Compagnie dès que les obligations des Réparations auront été intégralement amorties.

§ 21.

RAILWAY COMMISSIONER.

(1) There shall be appointed a Railway Commissioner to protect the rights of the Reparation Bonds. He shall be a person accepted in the Railway world as being in the front rank. He shall be elected for a period of three (3) years by a simple majority, by the foreign members of the Board, and shall be eligible for re-election.

(2) The Commissioner's sunctions, as also those of the Trustee as far as the Company is concerned, shall terminate as soon as the whole of the Reparation Bonds have been paid off or redeemed.

§ 22.

AUFGABEN DES EISENBAHNKOMMISSARS.

(1) Der Eisenbahnkommissar kann an den Sitzungen des Verwaltungsrats, des Arbeitsausschusses und der übrigen Ausschüsse des Verwaltungsrats teilnehmen; ein Stimmrecht steht ihm nicht zu.

(2) Er ist berechtigt, im gesamten Netz der Gesellschaft alle Anlagen und Dienststellen zu besichtigen.

(3) Ihm sind alle Berichte, statistischen und finanziellen Übersichten, die Voranschläge für außerordentliche Ausgaben gleichviel, ob sie auf Kapitalrechnung oder auf Betriebsrechnung verrechnet wer-

§ 22.

FONCTIONS DU COMMISSAIRE.

(1) Le Commissaire pourra prendre part aux séances du Conseil, du Comité de Permanence et des autres Commissions du Conseil, mais sans droit de vote.

(2) Il aura le droit général d'inspection sur tout le réseau et dans toutes les installations et les bureaux de la Compagnie.

(3) Seront communiqués au Commissaire tous les rapports, états statistiques et financiers, propositions de dépenses extraordinaires, tant en compte capital qu'en compte d'exploitation, propositions de modification de

§ 22.

FUNCTIONS OF THE COMMISSIONER.

(1) The Commissioner may take part in the meetings of the Board, of the Permanent Committee and of other Committees of the Board without however having the right to vote.

(2) He shall have a general right of inspection over the whole Railway system and all the Company's works and offices.

(3) There shall be communicated to him all reports, statistical and financial returns, proposals for extra-routine expenditure — whether on capital or revenue account — for changes in tariffs or for the

den, Vorschläge für Abänderung der Tarife und Ausnahmetarife sowie anderer Angelegenheiten mitzuteilen, die der Genehmigung des Generaldirektors bedürfen.

(4) Außerdem ist der Eisenbahnkommissar berechtigt, die Mitteilung anderer Berichte, Übersichten oder statistischer Angaben zu verlangen, die er für nötig hält, um sich ein unabhängiges Urteil bilden zu können.

(5) Alle Auskünfte sind ihm unverzüglich, vollständig und genau zu übermitteln.

(6) Falls irgendeine Bau-, Betriebs- oder Tarifmaßnahme wesentlich dazu beiträgt, die Rechte oder Interessen der Schuldverschreibungsgläubiger oder der Reparationskommission zu bedrohen und insbesondere die im § 8 Abs. 2 und 3 behandelten Zahlungen an den Fälligkeitsterminen zu gefährden, so hat der Eisenbahnkommissar die Frage mit dem Generaldirektor zu erörtern. Vermag er letzteren nicht zur Änderung der Richtlinien seiner Geschäftsführung zu bewegen, so muß er die Angelegenheit vor den Verwaltungsrat bringen, der endgültig entscheidet.

(7) Der Eisenbahnkommissar kann verlangen, daß der Verwaltungsrat die Bestellung des Generaldirektors wegen Verletzung der Gesellschaftssatzung oder wegen Nichtausführung der Anordnungen des Verwaltungsrats widerruft. Zur Entlassung genügt in diesem Falle die einfache Mehrheit der abgegebenen Stimmen.

tarifs et de tarifs exceptionnels et autres matières qui demandent l'approbation du Directeur Général.

(4) Le Commissaire aura également le droit de réclamer à tout moment la communication de tous autres rapports, états et statistiques qu'il jugera nécessaire pour se former une opinion en toute indépendance.

(5) Toutes ces informations devront lui être fournies rapidement, complètement et d'une façon précise.

(6) Si une mesure quelconque se rapportant à des constructions, à l'exploitation ou aux tarifs, menaçait sérieusement les droits et les intérêts des obligataires ou de la Commission des Réparations, et notamment compromettait le paiement, aux époques fixées, des redevances, dont il est question au § 8 al. 2 et 3, le Commissaire aurait le devoir d'intervenir auprès du Directeur Général. Dans le cas où il ne pourrait persuader ce dernier de changer sa politique, il devrait saisir le Conseil d'Administration, qui statuerait définitivement.

(7) Le Commissaire pourra demander que le Conseil revoque le Directeur Général pour violation des Statuts ou pour infraction aux instructions du Conseil. Dans ce cas la révocation pourra être prononcée à la simple majorité des votants.

concession of exceptional rates, and other matters which require the approval of the Director General.

(4) The Commissioner shall further be entitled at any moment to call for any other reports, returns or statistics which he may consider necessary in order to enable him to form an independent opinion.

(5) All this informations shall be furnished to him promptly, fully and accurately.

(6) If any measure in connection with construction, operation or tariffs tends substantially to menace the rights or interest of the holders of the Reparation Bonds or of the Reparation Commission and in particular to endanger the payment of such bonds at their due dates (Clause 8, sub-clauses 2 and 3), the Commissioner shall discuss the question with the Director General. If he is unable to persuade the latter to change his course of conduct he must lay the question before the Board of Management which will take thereupon such action as it may think fit.

(7) The Commissioner may call upon the Board to remove the Director General for violation of the Concession (Satzung) or for failure to comply with the instructions of the Board. In any such case a simple majority of the members voting shall be sufficient to carry a resolution for removal.

(8) Der Eisenbahnkommissar und sein Personal sind zur unbedingten Verschwiegenheit über die Angelegenheiten der Gesellschaft verpflichtet.

§ 23.

PERSONAL UND KOSTEN DES EISENBAHN-KOMMISSARIATS.

(1) Der Eisenbahnkommissar wird in seiner Tätigkeit durch das Personal unterstützt, das er für erforderlich hält. Er übt seine Befugnisse persönlich oder durch seine von ihm bevollmächtigten Mitarbeiter aus. Die Gesellschaft stellt geeignete Räume mit Ausstattung für die Geschäftsstellen des Eisenbahnkommissars zur Verfügung. Der Eisenbahnkommissar hat für sich und sein Personal in dem ihm zweckmäßig erscheinenden Umfang Anspruch auf freie Fahrt auf den Strecken der Gesellschaft.

(2) Die Gesellschaft stellt dem Eisenbahnkommissar jährlich als Pauschbeitrag zu den Ausgaben des Eisenbahnkommissars und seines Personals einen Betrag zur Verfügung, der im Einverständnis zwischen dem Organisationskomitee und dem Eisenbahnkommissar vorbehaltlich der Genehmigung der Reparationskommission festgesetzt wird.

§ 24.

AUSNAHMEBEFUGNISSE DES EISENBAHN-KOMMISSARS.

(1) Sollte die Gesellschaft mit der Leistung der im

(8) Le Commissaire et son personnel observeront une absolue discrétion en ce qui concerne les affaires de la Compagnie.

§ 23.

PERSONNEL ET FRAIS DU COMMISSARIAT.

(1) Le Commissaire sera assisté dans ses fonctions par le personnel qu'il croit nécessaire. Il exercera les droits qui lui sont attribués soit personnellement, soit par dêlégation à ses collaborateurs. La Compagnie fournira des locaux convenables et meublés pour installer les bureaux du Commissaire et de son personnel. Le Commissaire aura le droit de libre circulation sur le réseau de la Compagnie pour lui et pour son personnel dans les limites qu'il jugera convenable.

(2) La Compagnie versera chaque année au Commissaire comme contribution globale aux dépenses du Commissaire et de son personnel une somme qui sera fixée d'accord entre le Comité d'Organisation de la Compagnie et le Commissaire sous réserve de l'approbation de la Commission des Réparations.

§ 24.

POUVOIRS EXCEPTIONNELS DU COMMISSAIRE.

(1) En cas de défaut par la Compagnie d'effectuer les paiements semestriels pré-

(8) The Commissioner and his staff shall observe absolute discretion regarding the Company's affairs.

§ 23.

STAFF AND EXPENSES OF THE COMMISSIONER.

(1) The Commissioner shall be assisted in his duties by such staff as he considers necessary. He may exercise the rights conferred upon him either in person or by his authorised agents. The Company shall supply suitable premises and furniture for the offices of the Commissioner and his staff. The Commissioner shall be entitled to free transit over the Company's Railways for himself and also for his staff to the extent to which he may consider proper.

(2) The Company shall in each year pay to the Commissioner as its total contribution to the expenses of the Commissioner and his staff, a sum to be fixed by agreement between the Organisation Committee and the Commissioner, subject to the approval of the Reparation Commission.

§ 24.

EXCEPTIONAL POWERS OF THE COMMISSIONER.

(1) In case of failure by the Company to make the half-yearlz payments pre-

§ 8 Abs. 2 vorgesehenen halbjährlichen Zahlungen in Verzug geraten, so kann der Eisenbahnkommissar anordnen, daß die seiner Auffassung nach nicht begründeten Ausgaben unterbleiben oder die Tarife so erhöht werden, wie er es für angemessen hält. Auch kann er einen Wechsel in der Person des Generaldirektors fordern, wobei der Verwaltungsrat seinen Wünschen nachzukommen hat.

(2) Ist der fehlende Betrag gedeckt und die Zahlung des nächsten Zinsbetrags sichergestellt, so enden die dem Eisenbahnkommissar nach dem Vorstehenden ausnahmsweise zustehenden Befugnisse.

(3) Sollte innerhalb einer Frist von sechs Monaten nach Nichtleistung der fälligen Zahlungen die Dekkung des fehlenden Betrages sich weder durch die Zahlungen der Gesellschaft, noch durch die anderen im § 8 vorgesehenen Zahlungen haben ermöglichen lassen, so kann der Eisenbahnkommissar im Einvernehmen mit dem Treuhänder die Maßnahmen treffen, die sie für nötig erachten. Er kann dabei die Eisenbahnen selbst in Betrieb nehmen und, soweit für die Betriebführung entbehrlich, Fahrzeuge oder andere bewegliche oder unbewegliche Sachen veräußern.

(4) Letzten Endes kann der Eisenbahnkommissar das Betriebsrecht ganz oder zum Teil verpachten. Der Durchführung dieser Maßnahme hat eine Entscheidung des im § 45 des Ge-

vus au § 8 al. 2 le Commissaire pourra donner des ordres soit pour arrêter les dépenses qu'il jugera injustifiées, soit pour augmenter les tarifs au niveau qu'il croit raisonnable; il pourra également requérir le changement du Directeur Général et le Conseil se conformera à ses demandes.

(2) Une fois le déficit comblé et le paiement du prochain coupon assuré, ces pouvoirs exceptionnels du Commissaire prendront fin.

(3) Si dans un délai de six (6) mois après le manquement de paiement il a été impossible de combler le déficit, soit par les paiements de la Compagnie soit par les autres versements prévus au § 8, le Commissaire pourra prendre d'accord avec le Trustee telles autres mesures qu'ils jugeront nécessaires. Il pourra prendre en mains l'exploitation des chemins de fer, vendre du matériel roulant et d'autres biens, meubles ou immeubles, qui ne seraient pas nécessaires pour l'exploitation.

(4) Enfin le Commissaire pourra même affermer la concession des chemins de fer en totalité ou en partie, mais seulement après décision de l'Arbitre prévu dans le § 45 de la loi, qui

scribed in Clause 8, subclause (2), the Commissioner shall be entitled to issue orders, whether to stop the expenditure which he considers unjustifiable or to increase the tariffs to the level which he considers reasonable. He may also require that the Director General be removed, and the Board shall thereupon comply with his requirement.

(2) So soon as the deficit hat been made good and the payment of the next coupon ensured, these exceptional powers of the Commissioner shall come to an end.

(3) If it is impossible to make good the deficit within a period of six (6) months after the default in payment, whether by means of the payments by the Company or by the other methods prescribed in Clause 8, the Commissioner may in agreement with the Trustee take such other action as they may consider necessary. He may take into his own hands the operation of the Railways, and may sell such rolling stock and other property whether movable or immovable, as is not necessary for the operation of the Railways.

(4) In the last resort the Commissioner may lease the Railway concession in whole or in part, but this latter power shall only be exercised after a decision has been given by the Ar-

setzes vorgesehenen Schiedsrichters dahin vorauszugehen, daß die in Aussicht genommene Maßnahme nötig und geeignet ist, die Durchführung des Dienstes der Reparationsschuldverschreibungen zu sichern.

(5) Soweit der Eisenbahnkommissar den Betrieb übernimmt, ist er den gesetzlichen Bestimmungen unterworfen.

§ 25.
FINANZGEBARUNG DER GESELLSCHAFT.

(1) Die Gesellschaft hat am Schlusse jedes Geschäftsjahrs eine Bilanz und eine Gewinn- und Verlustrechnung aufzustellen.

(2) Der nach Deckung der Betriebsausgaben verbleibende Betriebsüberschuß ist wie folgt zu verwenden:

1. Zunächst sind die für den Zins- und Tilgungsdienst der Reparationsschuldverschreibungen bestimmten Zahlungen zu bewirken.
2. Sodann ist der Zins- und Tilgungsdienst der in § 9 genannten Schuldverschreibungen und Anleihen zu bestreiten.
3 Zur Deckung eines etwaigen Betriebsfehlbetrags der Gesellschaft und zur Sicherstellung der rechtzeitigen Befriedigung des Zins- und Tilgungsdienstes ihrer Schuldverschreibungen ist sogleich eine Rücklage zu schaffen. Der Rücklage sind mindestens zwei vom Hundert der

appréciera, si la mesure envisagée est nécessaire et efficace pour assurer le service des obligations des Réparations.

(5) En tant que le Commissaire se charge de l'exploitation, il est soumis aux lois.

§ 25.
GESTION FINANCIERE.

(1) A la fin de chaque exercice la Compagnie doit établir un bilan et un compte des profits et pertes.

(2) Les produits nets de l'exploitation après couverture des dépenses d'exploitation seront appliqués comme suit:

1. On assurera en premier lieu le service d'intérêt et d'amortissement des obligations des Réparations,
2. on assurera en second lieu le service d'intérêt et d'amortissement des autres obligations ou emprunts qui auront pu être émises conformément au § 9,
3. un fonds de réserve sera ensuite constitué pour couvrir un déficit éventuel d'exploitation de la Compagnie et assurer la régularité du service d'intérêt et d'amortissement de ses obligations. Il sera versé à ce fonds de réserve annuellement deux (2) % des recet-

bitrator provided for in Section 450 of the Law, that the action contemplated is necessary and of a nature to ensure the service of the Reparation Bonds.

(5) In so far as the Commissioner assumes responsibility for the operation of the Railways he shall be subject to the provisions of the Law.

§ 25.
FINANCIAL MANAGEMENT OF THE COMPANY.

(1) At the close of each financial year the Company shall draw up a Balance Sheet and Profit and Loss Account.

(2) The net operating income after covering the operating expenses shall be applied as follows: —

1. In the first place to the service of the sinking fund of the Reparation Bonds;
2. In the second place, to the service of the interest and sinking fund of other bonds, notes or charges which may be issued in accordance with Clause 9.
3. Thirdly, there shall be established immediately a reserve fund to meet any falling off which may occur in the Company's operating income and to ensure the regular payment of the interest and sinking fund on its bonds. At least two per cent (2 %) of the

gesamten Betriebseinnahmen zu überweisen, bis die Rücklage den Betrag von fünfhundert Millionen Goldmark erreicht hat. Muß nach Erreichung dieser Grenze die Rücklage angegriffen werden, so sind sogleich die jährlichen Überweisungen zu ihrer Wiederauffüllung aufzunehmen.

tes brutes de l'exploitation, jusqu'à ce que le fonds atteigne le montant maximum de cinq cents (500) millions de marks-or. Si, après avoir atteint ce maximum, on doit faire appel à la réserve, les versements annuels seront repris ensuite compléter ladite réserve.

gross receipts from the operation of the Railways shall be paid annually into this reserve fund until it amounts to the maximum total of five hundred million (500 000 000) marks gold. Should it be necessary to have recourse to the reserve after his maximum total has been reached, the payments shall be resumed till the reserve is fully re-established.

4. Der aus dem Betriebsüberschuß nach den vorstehenden Zahlungen und Überweisungen verbleibende Reingewinn ist in folgender Reihenfolge zu verwenden:

(a) Sollte in früheren Jahren die Vorzugsdividende auf die Vorzugsaktien nicht voll gezahlt worden sein, so ist sie vorweg nachzuzahlen.

(b) Sodann ist die Vorzugsdividende auf die Vorzugsaktien auszuschütten.

(c) Die Verwendung des verbleibenden Restbetrags bestimmt der Verwaltungsrat nach folgenden Richtlinien:

Für außerordentliche Ausgaben können Sonderrücklagen vorgesehen werden. Vom Jahr 1935 ab ist eine besondere Rücklage zur Ein-

4. Le bénéfice net de la Compagnie représentant le reliquat des produits nets de l'exploitation après les prélèvements ci-dessus, sera employé dans l'ordre suivant:

(a) On paiera tout d'abord les sommes arriérés qui pourront rester dues aux actions de préférence, lorsque le dividende de préférence n'aura pu être intégralement versé les années précédentes.

(b) on paiera ensuite aux actions de préférence le dividende de préférence,

(c) le Conseil statuera sur l'affectation du reliquat du bénéfice net en se conformant aux principes suivants:

Des réserves spéciales pourront être constituées pour faire face à des dépenses extraordinaires. A partir de l'année 1935 une réserve particu-

4. In the fourth place, the net profits remaining after the foregoing payments out of the operating income have been made shall be employed as in the following order: —

(a) In the first place, arrears of dividend on the preference shares. if any, shall be paid in full;

(b) In the second place, the current dividend on the preference shares shall be paid;

(c) The Board shall decide on the employment of the remainder of the net profits in accordance with tho following principles:

Reserves may be established, entitled reserves for extraordinary expenditure. A special preference share redemption reserve shall be establishziehung der Vorzugsaktien anzusammeln. Diese Rücklage kann auch schon in einem früheren Zeitpunkt angeordnet werden. Eine Rücklage für die Einziehung der Stammaktien wird nicht gebildet.

Wenn der Verwaltungsrat eine Verteilung des weiteren Reingewinnes beschließt, soll dieser wie folgt verwendet werden: Ein Drittel für die Vorzugsaktien als Zusatzdividende, zwei Drittel für die Stammaktien.

Sollten jedoch die Vorzugsaktien nicht in dem vorgesehenen Gesamtbetrag von zwei Milliarden Goldmark ausgegeben sein, so kommt der auf die noch nicht begebenen Vorzugsaktien entfallende Teil den Stammaktien zugute.

lière sera constituée en vue du remboursement des actions de préférence. La constitution en pourra être décidée à une date plus rapprochée. Aucune réserve ne sera formée pour le remboursement du capital des actions ordinaires.

Dans le cas où le Conseil décidera de distribuer le surplus de bénéfice, il sera attribué comme suit: —un tiers (⅓) aux actions de préférence à titre de dividende supplémentaire, deux tiers (⅔) aux actions ordinaires.

Toutefois si les actions de préférence ne sont pas émises pour le capital total prévu de deux (2) milliards de marks-or, la part du bénéfice revenant aux actions de préférence qui ne sont pas émises sera attribuée aux actions ordinaires.

ed as from the year 1935 and may be established on an earlier date. No reserve shall be established for the redemption of the ordinary shares.

If the Company decides to distribute any remaining profits they shall be applied: as to one-third (⅓) as a supplementary dividend for the preference shares, and as to two-thirds (⅔) as a dividend on the ordinary shares.

Provided, however, that if preference shares are not outstanding to the full amount of two milliard (2 000 000 000) marks gold, such portion of the remaining profit as would have belonged to those preference shares which are not outstanding shall belong to the ordinary shares.

Gesetz über die Personalverhältnisse bei der Deutschen Reichsbahn-Gesellschaft

(Reichsbahn-Personalgesetz). Vom 30. August 1924.

Der Reichstag hat das folgende Gesetz beschlossen, das mit Zustimmung des Reichsrats hiermit verkündet wird:

§ 1.

(1) Die Deutsche Reichsbahn-Gesellschaft übt ihre Befugnisse durch Beamte (Reichsbahnbeamte), Angestellte und Arbeiter aus.

(2) Die Ernennung zum Reichsbahnbeamten setzt den Besitz der deutschen Staatsangehörigkeit voraus. Durch Staatsverträge festgelegte Ausnahmen bleiben unberührt.

§ 2.

Soweit die Reichsbahnbeamten nicht unter dem ausdrücklichen Vorbehalt des Widerrufs oder der Kündigung angestellt werden, gelten sie als auf Lebenszeit angestellt.

§ 3.

(1) Der Reichsbahnbeamte hat seine Dienstgeschäfte unter Wahrung der Reichsverfassung und der Gesetze gewissenhaft

Le Reichstag a arrêté la loi suivante qui est publiée avec l'assentiment du Reichsrat.

§ 1.

(1) La Deutsche Reichsbahn-Gesellschaft aux fins de remplir les tâches qui lui incombent, occupe des fonctionnaires (Reichsbahnbeamte), des employés et des ouvriers.

(2) Ne pourra être nommé fonctionnaire de la Reichsbahn que qui possède la nationalité allemande. Ce principe ne portera aucune atteinte aux exceptions fixées par des Traités d'Etat.

§ 2.

En tant que les fonctionnaires de la Reichsbahn ne seront point engagés sous réserve expresse de révocation ou de congédiement, ils seront considérés comme engagé à vie.

§ 3.

(1) Tout fonctionnaire devra exercer son service consciencieusement, en respectant la Constitution du Reich et les lois, et il

The Reichstag has passed the following Law which is herewith published with the the approval of the Reichstag: —

§ 1.

(1) In the exercise of its functions the Deutsche Reichsbahn-Gesellschaft will employ permanent staff (Reichsbahnbeamte), employees (Angestellte) and workmen.

(2) No person of nationality other than German shall be appointed to the permanent staff, provided always that this provision shall not affect any exceptions to this rule already established by Treaty.

§ 2.

In so far as Reichsbahnbeamte are not engaged with an express reservation of the right to dismiss them or to terminate their engagements, they shall be considered as engaged for life.

§ 3.

(1) Every Reichsbahnbeamte shall perform his duties conscientiously, with due respect for the law and the constitution of the

wahrzunehmen und durch sein Verhalten in und außer dem Dienst der Achtung, die sein Beruf erfordert, sich würdig zu erweisen.

(2) Über Angelegenheiten der Gesellschaft, deren Geheimhaltung ihrer Natur nach erforderlich oder vorgeschrieben ist, hat der Reichsbahnbeamte Verschwiegenheit zu beobachten, auch nachdem das Dienstverhältnis gelöst ist. Bevor ein Reichsbahnbeamter als Sachverständiger ein außergerichtliches Gutachten abgibt, hat er dazu die Genehmigung einzuholen. Ebenso haben Reichsbahnbeamte, auch nachdem das Dienstverhältnis gelöst ist, ihr Zeugnis über Tatsachen, auf die sich ihre Verpflichtung zur Verschwiegenheit bezieht, insoweit zu verweigern, als sie nicht von dieser Verpflichtung im Einzelfall entbunden sind.

(3) Die Ausübung eines Nebenerwerbes oder einer Nebenbeschäftigung, der Eintritt in den Vorstand, Verwaltungs- oder Aufsichtsrat einer auf Erwerb gerichteten Gesellschaft und die Annahme von Geschenken oder Belohnungen in bezug auf ihre Dienstgeschäfte ist den Reichsbahnbeamten nur mit Genehmigung gestattet.

devra, par sa conduite au cours comme en dehors du service, se montrer digne du respect qu'exige sa profession.

(2) En ce qui concerne les affaires de la Compagnie, qui devront rester secrètes, soit par leur nature même soit en vertu d'instructions, les fonctionnaires de la Reichsbahn devront observer la discrétion, même après que leurs fonctions auront cessé. Avant de remettre, en qualité d'expert un rapport nonjudiciaire, le fonctionnaire devra demander l'autorisation de ses chefs. Les fonktionnaires devront également, même après que leurs fonctions auront cessé, refuser leur témoignage relativement aux faits au sujet desquels l'obligation du secret professionnel leur a été imposée, et cela pour autant que, dans le cas particulier, ils n'auront point été dégagés de cette obligation.

(3) Ce n'est qu'avec autorisation que les fonctionnaires pourront exercer une profession ou occupation secondaires, entrer dans la direction, le conseil d'administration ou de surveillance d'une société industrielle, ou accepter soit des cadeaux, soit des rémunérations relatifs à leur service.

Reich. By his conduct both on and off duty, he shall show himself worthy of the respect which his profession demands.

(2) Beamte shall observe silence even after the termination of their service with the Company, concerning any affairs of the Company which by their nature require to be kept secret or regarding which instructions have been issued. Before making a report as an expert elsewhere than in a court of law, a Beamte shall obtain the consent of his superiors. Beamte shall also refuse to give evidence even after the termination of their service with the Company, on matters regarding which they have been instructed to observe silence, except in so far as they have been expressly set free from this obligation in the case in question.

(3) Beamte shall not engage in another profession or occupation, or enter the Directorate (Vorstand), the Board of Management (Verwaltungsrat) or the Supervisory Board (Aufsichsrat) of an undertaking working for profit, or accept gifts or remuneration in return for such services, without express authorisation.

§ 4.

Die einstweilen in den Ruhestand versetzten Reichsbahnbeamten sind bei Verlust des Wartegeldes zur Annahme eines ihnen übertragenen Reichsamts

§ 4.

Les fonctionnaires mis provisoirement à la retraite seront tenus, sous peine de perte du traitement d'attente, d'accepter une fonction du Reich à

§ 4.

Temporarily unemployed Beamte shall forfeit their right to half-pay if they refuse to accept any office with the Reich or any employment with the Company oder eines ihnen angebotenen Gesellschaftsdienstes verpflichtet, wenn das Amt oder der Dienst ihrer Berufsbildung und die Amts- oder Dienstbezeichnung sowie das Diensteinkommen der früheren Tätigkeit im Gesellschaftsdienst entsprechen.

§ 5.

(1) Die Dienststrafgerichte des Reichs sind für die Reichsbahnbeamten zuständig.

(2) Die Reichsbahnbeamten sind für die Besetzung der entscheidenden Dienststrafgerichte wie Reichsbeamte zu behandeln.

(3) Die Personalordnung bestimmt, welche Vorgesetzten für die Verhängung von Ordnungsstrafen zuständig sind.

§ 6.

Die Reichsbahnbeamten haben für ihre Vertretung gegenüber der Gesellschaft die gleichen Rechte und Pflichten wie sie gesetzlich für die Reichsbeamten gegenüber der Reichsverwaltung gelten.

§ 7.

Die Personalordnung kann für die Feststellung und Einbringung von Fehlbeträgen für die Reichsbahnbeamten Vorschriften in Anlehnung an die §§ 134 ff. des Reichsbeamtengesetzes treffen, wobei die in der Personalordnung zu bezeichnenden Stellen der Ge-

laquelle ils seront appelés ou un emploi qui leur serait offert au service de la Compagnie, si cette fonction ou cet emploi correspond à leur instruction professionnelle et si la désignation de la fonction ou de l'emploi, ainsi que la rétribution y afférente, correspond à l'activité qu'ils ont antérieurement exercée au service de la Compagnie.

§ 5.

(1) Les Tribunaux disciplinaires du Reich seront compétents pour les fonctionnaires.

(2) Les fonctionnaires seront traités comme les fonctionnaires du Reich en ce qui concerne la nomination des Tribunaux disciplinaires qui seront appelés à la décision.

(3) Le Règlement du Personnel déterminera quels seront les chefs compétents pour infliger des mesures disciplinaires.

§ 6.

Pour la représentation de leurs intérêts vis-à-vis de la Compagnie, les fonctionnaires ont les mêmes droits et obligations légaux que les fonctionnaires du Reich vis-à-vis de l'Administration du Reich.

§ 7.

En vue de constater et de récupérer des manquants, le Règlement du Personnel pourra comprendre pour les fonctionnaires des prescriptions analogues à celles aux §§ 134 et suiv. du Reichsbeamtengesetz. Dans ce cas les autorités de la Compagnie qui seront dé-

which may be offered to them, provided that such office or employment corresponds to their qualifications, and the classification and pay of such office or employment correspond to those of the position hitherto occupied by them in the Company's service.

§ 5.

(1) The disciplinary tribunals of the Reich shall be competent to try Reichsbahnbeamte.

(2) Disciplinary tribunals for the trial of Reichsbahnbeamte shall be constituted as though Reichsbahnbeamte were Beamte of Reich.

(3) The Staff Regulations shall specify the departmental heads who shall be capable of taking disciplinary action.

§ 6.

Reichsbahnbeamte shall have the same rights in respect of the representation of their interests as against the Company as the law accords to Beamte of the Reich as against Departments of the Reich.

§ 7.

The Staff Regulations may contain provisions for the settlement and recovery of short payments similar to Sections 134 and the following sections of the Reichsbeamtengesetz. In this case the Company's authorities designated in the Staff Regulations shall exercise sellschaft die den Behörden zustehenden Befugnisse erhalten.

signées dans le Règlement du Personnel, disposeront des attributions conférées aux autorités.

the functions conferred by the Reichsbeamtengesetz upon authorities of the Reich.

§ 8.

Auf die Verfolgung vermögensrechtlicher Ansprüche aus dem Reichsbahnbeamtenverhältnis sind die Bestimmungen der §§ 149 ff. des Reichsbeamtengesetzes sinngemäß anzuwenden. Als Oberste Reichsbehörde gilt der Generaldirektor.

§ 8.

Les dispositions des §§ 149 et suiv. du Reichsbeamtengesetz s'appliqueront par analogie à la poursuite des réclamations d'ordre pécunière résultant de la qualité de fonctionnaire. Le Directeur Général représentera la Oberste Reichsbehörde.

§ 8.

The provisions of Sections 149 and of the following sections of the Reichsbeamtengesetz shall apply by analogy to the prosecution of monetary claims against Reichsbahnbeamte arising out of their position as Beamte. The Director General shall represent the Oberste Reichsbehörde (Supreme Authority of the Reich).

§ 9.

Auf die im unfallversicherungspflichtigen Betrieb beschäftigten Reichsbahnbeamten und deren Hinterbliebene finden die Vorschriften des Unfallfürsorgegesetzes vom 18. Juni 1901 (Reichsgesetzbl. S. 211) sinngemäß Anwendung.

§ 9.

Les dispositions du Unfallfürsorgegesetz du 18 juin 1901 (Reichsgesetzblatt p. 211) s'appliqueront par analogie aux fonctionnaires occupés dans l'exploitation assujettie à l'assurance en cas d'accidents.

§ 9.

The provisions of the law concerning insurance against accident (Unfallfürsorgegesetz) of June 18th, 1901 (Reichsgesetzblatt, p. 211), shall apply by analogy to such Beamte as are engaged in employment which renders insurance against accident necessary.

§ 10.

(1) Die Deutsche Reichsbahn-Gesellschaft übernimmt auf dem Gebiet der Kranken-, Unfall-, Invaliden- und Angestelltenversicherung, desgleichen hinsichtlich der Zusatzversicherungen die Aufgaben der Reichsbahnverwaltung.

(2) Die Reichsversicherungsordnung und das Angestelltenversicherungsgesetz werden wie folgt geändert:

§ 10.

(1) Dans le domaine des assurances contre la maladie, les accidents et l'invalidité et de l'assurance des employés, de même qu'en ce qui concerne les assurances additionnelles, la Deutsche Reichsbahn-Gesellschaft assume les charges de l'Administration des chemins de fer du Reich.

(2) La Reichsversicherungsordnung et le Angestelltenversicherungsgesetz seront modifiés comme suit:

§ 10.

(1) The Deutsche Reichsbahn - Gesellschaft assumes the obligations of the Administration of the Railways of the Reich in respect of insurance against sickness, accident, old age and unemployment and of special insurance.

(2) The statutory regulations regarding Reich insurance (Reichsversicherungsordnung) and the law regarding the insurance of employees (Angestelltenversicherungsgesetz) shall be modified as follows:

I. In den §§ 169, 172, 1234, 1235 der Reichsversicherungsordnung, ferner im § 11 des Angestelltenversicherungsgesetzes werden hinter dem Wort „Reichs“ eingefügt die Worte „der Deutschen Reichsbahn-Gesellschaft“.

II. Im § 12 Abs. 1 Ziffer 1 des Angestelltenversicherungsgesetzes werden hinter den Worten „Beamte des Reichs“ eingefügt die Worte „der Deutschen Reichsbahn-Gesellschaft“; die Worte „im Reichs- oder Landesdienste“ werden ersetzt durch die Worte „im Dienste des Reichs, der Deutschen Reichsbahn-Gesellschaft oder eines Landes“. Im § 12 Abs. 1 Ziffer 2 des Angestelltenversicherungsgesetzes werden die Worte „Angestellte in Eisenbahn-, Post- und Telegraphenbetrieben des Reichs oder der Länder“ ersetzt durch die Worte „Angestellte in Post- und Telegraphenbetrieben des Reichs sowie Angestellte der Deutschen Reichsbahn-Gesellschaft“.

III. Im § 1237 der Reichsversicherungsordnung und § 14 des Angestelltenversicherungsgesetzes werden hinter dem Worte „Reiche“ eingefügt die Worte „der Deutschen Reichsbahn-Gesellschaft“.

I. Dans les §§ 169, 172, 1234 et 1235 de la Reichsversicherungsordnung et au § 11 du Angestelltenversicherungsgesetz, seront intercalés après les mots „du Reich“ les mots „de la Deutsche Reichsbahn-Gesellschaft.“

II. Dans le § 12 al. 1 No. 1 du Angestelltenversicherungsgesetz seront intercalés après les mots “fonctionnaires du Reich” les mots “de la Deutsche Reichsbahn - Gesellschaft” et les mots „au service du Reich ou d'un Pays” seront remplacés par les mots “au service du Reich, de la Deutsche Reichsbahn - Gesellschaft ou d'un Pays“. Dans le § 12 al. 1 No. 2 du Angestelltenversicherungsgesetz lès mots “employés aux exploitations des Chemins de fer, de la Poste et de' la Télégraphie du Reich ou des Pays” seront remplacés par les mots “employés aux exploitations de la Poste et de la Télégraphie du Reich ainsi que les employés de la Deutsche Reichsbahn-Gesellschaft“.

III. Dans le § 1237 de la Reichsversicherungsordnung et au § 14 du Angestelltenversicherungsgesetz, seront intercalés après le mot “Reich” les mots “de la Deutsche Reichsbahngesellschaft”.

I. In Section 169, 172, 1234 and 1235 of the statutory regulations and Section II of the law, the words “of the Deutsche Reichsbahn-Gesellschaft” shall be inserted after the words “of the Reich.”

II. In Section 12, sub-section 1, Nr. 1, of the law, the words “of the Deutsche Reichsbahn-Gesellschaft” shall be inserted after the words “Beamte of the Reich,” and for the words “in the service of the Reich or of a State” there shall be substituted the words “in the service of the Reich, of the Deutsche Reichsbahn - Gesellschaft or of a State.” In Section 12, sub-section 1, Nr. 2 of the law, for the words “employees in the Railway, postal and telegraphic services of the Reich or of the States” there shall be substituted the words “employees in the postal and telegraphic services of the Reich and employees of the Deutsche Reichsbahn-Gesellschaft.”

III. In Section 1237 of the statutory regulations and Section 14 of the law, the words “of the Deutsche Reichsbahn - Gesellschaft” shall be inserted after the words “of the Reich.”

IV. Hinter § 625 der Reichsversicherungsordnung wird als § 626 eingefügt die Vorschrift:

„Die Deutsche Reichsbahn - Gesellschaft ist Träger der Versicherung, wenn der Betrieb für ihre Rechnung geht oder die Tätigkeit für ihre Rechnung ausgeübt wird.“

V. § 892 Abs. 2 der Reichsversicherungsordnung erhält folgende Fassung:

„Das gleiche gilt für die Deutsche Reichsbahn - Gesellschaft, für Gemeinden, Gemeindeverbände und andere öffentliche Körperschaften, die Versicherungsträger sind. Die Ausführungsbehörden bestimmt die oberste Verwaltungsbehörde. Welche Stellen der Deutschen Reichsbahn - Gesellschaft als Ausführungsbehörden gelten, bestimmt deren Personalordnung.“

§ 11.

Die nach § 1360 der Reichsversicherungsordnung bestehenden Sonderanstalten der früheren Reichsbahnverwaltung werden als Sonderanstalten der Deutschen Reichsbahn-Ge-

IV. Après le § 625 de la Reichsversicherungsordnung sera ajouté comme § 626 la prescription suivante:

“La Deutsche Reichsbahn - Gesellschaft sera institution d'assurance, si l'exploitation a lieu pour son compte ou si l'activité est exercées pour son compte.”

V. L'alinéa 2 du § 892 de la Reichsversicherungsordnung sera rédigé comme suit:

“Les mêmes dispositions seront appliquées à la Deutsche Reichsbahn - Gesellschaft, aux communes, aux associations de communes et autres corporations publiques qui ont qualité d'institutions d'assurance. Les autorités exécutivès seront désignées par la Oberste Verwaltungsbehörde. Le Règlement du Personnel de la Deutsche Reichsbahn - Gesellschaft fixera ses organes qui seront considérés comme autorités exécutives.”

§ 11.

Les institutions spéciales de l'ancienne Administration des chemins de fer créées en vertu du § 1360 de la Reichsversicherungsordnung seront admises comme institutions spé-

IV. After Section 625 of the statutory regulations, the following provision shall be inserted as Section 626.

“The Deutsche Reichsbahn - Gesellschaft bears the responsibility for the insurance if the service is exercised on its account.”

V. Section 892, sub-section 2, of the statutory regulations shall be altered to read as follows: —

“The same provisions shall apply to the Deutsche Reichsbahn - Gesellschaft, communes, joint communal authorities and other public bodies which bear responsibility for insurance. The executive authorities shall be designated by the highest administrative authority (Oberste Verwaltungsbehörde). The Staff Regulations of the Deutsche Reichsbahn - Gesellschaft shall specify those of its official organs which shall be considered as executive authorities.”

§ 11.

The special institutions of the former administration of the Railways of the Reich established under Section 1360 of the statutory regulations, shall be accepted as special institutions sellschaft zugelassen. Ihre Rechte und Verpflichtungen gehen auf die neuen Sonderanstalten über.

§ 12.

(1) Bei der Berechnung der aus der Gewährleistung im § 20 des Gesetzes über die Deutsche Reichsbahn-Gesellschaft sich ergebenden Bezüge ist der nach Reichsrecht erworbenen Dienstzeit die bei der Gesellschaft als Reichsbahnbeamter verbrachte Dienstzeit hinzuzurechnen.

(2) Angestellte und Arbeiter, denen ein Rücktrittsrecht zum Unternehmen Deutsche Reichsbahn zusteht, können dieses Recht der Gesellschaft gegenüber ausüben.

§ 13.

Die durch dieses Gesetz nicht geregelten Rechts- und Dienstverhältnisse der Bediensteten werden nach der Vorschrift im § 19 Abs. 1 des Gesetzes über die Deutsche Reichsbahn - Gesellschaft durch die Personalordnung geregelt.

ciales de la Deutsche Reichsbahn - Gesellschaft. Leurs droits et obligations seront assurés par les nouvelles institutions.

§ 12.

(1) Dans le calcul des rétributions résultant de la garantie visée au § 20 de la loi concernant la Deutsche Reichsbahn - Gesellschaft, on devra ajouter au temps de service acquis d'après le droit du Reich, le temps de service accompli au service de la Compagnie en qualité de fonctionnaire.

(2) Les employés et les ouvriers qui ont droit de retour à l'entreprise „Deutsche Reichsbahn" pourront faire valoir ce droit vis-à-vis de la Compagnie.

§ 13.

Toutes les conditions juridiques et de service pour les agents qui ne sont pas réglées par la présente loi, seront fixées par le Règlement du Personnel conformément à la disposition du § 19 al. 1, de la loi concernant la Deutsche Reichsbahn-Gesellschaft.

of the Deutsche Reichsbahn-Gesellschaft. The rights and obligations of the former special institutions shall pass to the new institutions.

§ 12.

(1) For the purpose of calculating the pay and allowances guaranteed in Section 20 of the law concerning the Deutsche Reichsbahn-Gesellschaft, the period of service with the Company shall be added to the effective period of service under the Reich.

(2) Employees and workmen at present entitled to be taken back into the service of the Deutsche Reichsbahn undertaking shall retain the same right as against the Company.

§ 13.

Such conditions regulating the legal position of the service of the Company's Staff as are not determined by this law shall be solely determined by the Staff Regulations of the Company as prescribed by Section 19, subsection 1, of the law concerning the Deutsche Reichsbahn-Gesellschaft.